젊은 기업가의 탄생

"스위시와 퀸은 캐나다에서 가장 영향력 있는 젊은 기업가이고, 학생들에게 통찰력과 영감을 주는 최고의 인물들이다. 그들의 기업가적 본능과 욕구는 두 사람만의 고유한 차별성이며, 청년 사회에 그들의 성취를 환원하려는 열정은 타의 추종을 불허한다."

– 팀 윌 하이드Tim Will Hyde, TWH 미디어 CEO

"스위시와 퀸의 영향력은 현재 진행형이다. 이런 책을 쓰기에 이들보다 더 적합한 듀오는 없을 것이다."

– 존 패트릭 뮬린John Patrick Mullin, 블록체인 관련 기업 만트라의 공동창업자

"두 사람 모두, 나이와 상관없이 뛰어난 경영인이다. 이 책에 나오는 그들의 조언과 일화는 처음부터 제대로 사업을 시작하려는 사람들에게 필수일 뿐만 아니라 개인 브랜드와 네트워크를 확장하려는 사람들에게도 이상적이다."

– 라비 크리슈난Ravi Krishnan, 스테패슬론 창업자이자 회장, IMG Sth Asia의 전 전무이사

"나는 이 책이 창업의 기본뿐 아니라 정신 건강, 개인 브랜드, 네트워킹 등 무형적인 요소까지 깊이 다룬 점을 높이 평가한다. 기업가를 꿈꾸는 이들에게 진정한 종합 안내서라 할 수 있다!"

– 닥스 다실바Dax DaSilva, 라이트스피드 커머스 설립자

"스위시와 퀸이 그들의 관점, 교훈, 조언을 담아 다음 세대의 기업가들에게 영감을 주고 방향을 제시할 책을 만들기 위해 시간을 할애한 것은 나에게도 정말 큰 기쁨이다."

– 에스더 블레싱Esther Vlessing, 캐나다 이머전시 메디컬 매뉴팩처러스 대표

"두 사람은 복잡한 비즈니스 주제를 단순명료하게 만드는 독특한 능력이 있기에 더 많은 사람들에게 영감과 도움을 줄 수 있다고 생각한다. 이 책은 정말, 미래 세대의 지도자에게 주는 선물이다."

– 레이철 데이비드Rachel David, 해시태그 커뮤니케이션스 설립자

"스위시는 언제나 청년 창업에 긍정적이었고, 누구나 할 수 있다는 것을 스스로 증명했다. 기업 운영은 험난한 길이지만, 기회를 만들고 문제를 해결하기 좋아하는 사람들에게는 가장 보람 있는 일이기도 하다. 이 책은 그러한 모두가 자신의 사업을 시작할 수 있도록 도와준다."

– 제이슨 웡Jason Wong, 서비스형 소프트웨어 기업 퍼그하우스 창업자

"청년 기업가 정신은 모든 경제 단위에 필수이다. 나는 이 책의 저자가 자신의 시간과 돈을 투자해 학생들이 이해하기 쉬운 언어로 창업의 여정을 풀어 썼다는 점을 칭찬하고 싶다."

– 매니 패다Manny Padda, LOI 벤처의 매니징 파트너

"기업가 정신은 모든 젊은이들에게 필요한 일련의 중요한 기술을 촉신한다. 그것은 (문제 공간에 대한) 호기심, (문제를 해결하기 위한) 창의력, (도전에 맞서는) 끈기, (고객에 대한) 공감, 그리고 스토리텔링(이를 통해 세상은 당신이 하려고 하는 것을 이해한다!)이다. 저자의 경험에서 나온 실용적인 지침과 사례들이 이 책을 필독서로 만든다!"

– 치산 추Cheesan Chew, RBC 벤처스 COO

"기업 활동은 당신이 동시에 다양한 역할에 발을 들여놓을 것을 요구한다. 제품을 만들고 팀을 성장시키는 것은 근성, 결단력, 회복력이 필요한 경험이다. 눈앞의 위험을 기꺼이 감수해야 하지만 그만큼 보람 있는 경험이기도 하다. 퀸과 스위시는 사업을 구축하는 가장 처음부터 시작해 실제적인 단계와 접근 방식을 공유함으로써 전 세계의 예비 젊은 기업가들을 격려한다. 이 책은 그들에게 의미와 목적을 가진 사업을 구축하기 위한 기본 틀을 제공할 것이다."

– 래비나 어낸드Ravina Anand, 플릭의 공동설립자

THE YOUNG ENTREPRENEUR:
How to Start a Business While You're Still a Student
by Swish Goswami and Quinn Underwood

창업 준비부터 실전 전략까지, 스타트업의 모든 것

젊은 기업가의

스위시 고스와미, 퀸 언더우드 지음
박경준 옮김

The Young Entrepreneur

탄생

타임북스
TIME BOOKS

일러두기

※ 본문의 **기업명**은 외래어 표기법에 따라 우리말로 적고,
  찾아보기에서 로마자 표기를 제공합니다.
※ 옮긴이와 편집자 주는 괄호 안에 본문보다 작은 크기로 표기하였습니다.

이 책을 우리 가족, 친구와 멘토들,
그리고 가장 중요한 한 사람,
바일랄 살리미Bilal Saleemi에게 바칩니다.
지난 수년간 우리가 받은 모든 지원들이 없었다면,
이 책은 나올 수 없었을 것입니다.
모두 사랑합니다!

목차

표 목록

스위시 고스와미 Swish Goswami

스위시 고스와미(25세)는 기술 회사 **서프**의 최고경영자이다. **서프**는 향상된 소비자 유인 및 분석법을 브랜드에 제공하는 동시에, 데이터를 제공하는 소비자에게도 보상을 한다. 회사의 혁신적인 브라우저 확장 프로그램을 통해 일상적인 검색을 하는 고객에게 간접 이익을 주고, 제품 구매 시 비용을 절약할 수 있도록 돕는 것이다. **서프**의 브랜드 담당 부서는 **넷플릭스, NBA, 소니 뮤직, 로레알** 및 **일렉트로닉 아츠**와 같은 세계 최대 브랜드에 신뢰도 높은 데이터 및 상거래 촉진의 기회를 제공한다. 회사는 두 건의 인수 실적을 보유하고 있으며, 여러 **프로 농구 선수,** 유니콘 기업의 설립자 및 벤처 기업으로부터 수백만 달러의 투자금을 조달했다. **서프**의 비전은 공정한 데이터 경제를 설계하는 것이다.

스위시는 테드엑스에 세 번 연사로 섰고 엔젤 펀드인 **에이지엑스 캐피털**을 통해 **페이즈클랜, 웜보** 및 **업스트림**과 같은 회사의 투자자와 고문을 맡고 있다. 그는 20만 명이 넘는 개인 팔로워를 보유하고 있으며, 유명 대중 연설 플랫폼인 스피커스 스포트라이트를 통해 전 세계에 자신의 이야기를 전하는 것을 좋아한다. 기업 및 자선 활동에 대한 공로로 플랜 캐나다의 '20세 미만 20인'에 선정되었으며, **링크드인**의 '탑 보이스', 스타트업 캐나다의 '올해의 젊은 기업가'로 인정받았다. 유엔에서 '뛰어난 청년 리더십'상을 수상하기도 했다.

퀸 언더우드Quinn Underwood

퀸 언더우드(25세)는 **오텀**의 최고경영자이다. **오텀**은 인공지능을 활용한 사용자의 디지털 행동 분석을 통해 실시간으로 정신 건강을 측정하고 관리하도록 돕는 플랫폼으로, 사업의 성격상 개인 정보 보호에 대단히 주의를 기울이고 있다. 그는 측정할 수 없는 것은 관리할 수도 없다는 생각을 바탕으로 플랫폼을 개발했고, 북미 최고의 벤처캐피털 회사들로부터 200만 달러 이상의 자금을 조달했다. 현재는 북미에서 가장 빠르게 성장하는 많은 회사와 협력하고 있다.

퀸은 방글라데시와 인도 전역까지 영역을 확장한 의료 기술 기업인 **애드빈**의 공동창업자이기도 하다. 그는 토론토 대학교 2~3학년 시기에 그곳에 몸담으며 스무 명 이상의 규모로 팀을 키우고 15만 명 이상의 환자에게 서비스를 제공했다.

혁신은 반복에서 나옵니다. 퀸스 대학교에서 공부하던 시기, 저는 틈새시장을 찾아 북미 최초로 쓰레기 배출 없는 커피숍을 만들기로 했습니다. 지속가능성 사업 분야에 있으면서 저는 적극성과 지략의 중요성을 배웠고, 여러 제약이 창의력을 제한하는 것이 아니라 오히려 창조한다는 걸 깨달았어요. 그렇게 우리가 만든 **티 룸** 카페는 전국 언론에서 진보적이며 혁신적이라는 찬사를 받았습니다.

졸업 무렵에는 친구인 아나톨리 멜니척, 라이언 매리언과 개비어 사업을 하기로 했죠. 라이언의 도요타 캠리를 타고 뉴 브런즈윅으로 갔던 일이 아직도 생생합니다. 당시 대서양 철갑상어는 공급이 부족했고 뉴 브런즈윅은 상어를 잡을 수 있는 몇 안 되는 장소 중 하나였어요. 하지만 낚시를 하려면 면허가 필요했습니다. 우리는 은퇴한 지역 어부 다섯 명에게 철갑상어 낚시 면허가 있다는 걸 알아냈고, 한 어부의 집 밖에서 열 시간을 기다린 끝에 그를 만났습니다. 기회를 놓치지 않으려고 그 해 여름에 배와 면허를 사용하는 문제를 허겁지겁 상의한 끝에 마침내 어부의 동의를 얻어냈습니다. **에반데일 캐비어**는 이렇게 탄생했고 무엇도 우리를 막을 수 없을 것 같은 기분이었어요.

하지만 2008년에 찾아온 대규모 금융위기는 우리의 사업을 무너뜨렸습니다. 기본적으로 우리의 생각이 틀린 건 아니었습니다. 요리사들은 고품질 캐비어를 꾸준히 공급받기가 힘들었기 때문에 시장 상황이 좋을 때는 그들이 우리의 주 고객이 되어줬죠. 그러나 경기 침체기에 식당의 메뉴판에서 가장 먼저 사라지는 것이 바로 캐비어였고, 우리의 호사스러운 식품 회사는 완전히 무너지고 있었습니다. 이 사태로 저는 시기의 중요성을 배웠습니다.

다음 사업으로 우리는 뉴 브런즈윅 어부들에게서 배운 것을 새로운 산업에 적용해 **바이토피아**라는 전자 상거래 플랫폼을 만들었습니다. 이 회사가 250만 명의 사용자를 확보하고 경쟁 업체 일곱 곳을 인수합병하며 외부 자금 조달 없이도 캐나다에서 가장 빠르게 성장하는 기업으로 손꼽히게 된 것은 저에게 정말 놀라운 일이었습니다.

2013년에는 구매에 따라 캐시백을 제공하는 모바일 저축 플랫폼인 **스냅세이브스**를 출시했습니다. 이 플랫폼은 1년도 채 되지 않아 **그루폰**에 인수됐죠. 사업 구상부터 인수에 이르기까지 어떻게 8개월 만에 회사를 키워냈느냐는 질문을 자주 받는데요, 저의 대답은 항상 같습니다. 그건 8개월 만에 이루어진 게 아닙니다. **스냅세이브스**는 8년간의 끊임없는 노력, 지속적인 혁신, 새로운 사업 아이디어에 대한 무한 시도가 결합된 끝에 나온 성공이었습니다.

사업을 시작하기에 완벽한 시기가 따로 있지는 않아요. 그저 신념을 가지고 나아가며 회사에 대한 당신의 비전을 의사 결정의 지침으로 삼아야 합니다. 나이를 불문하고 시작은 항상 두렵기 마련이라면 차라리 일찍 시작하는 것이 낫지 않을까요? 젊은 기업가로서 당신의 가장 큰 장점은 속도입니다. 가능한 한 빨리 아이디어를 시장에 내놓고 초기 고객의 반응을 경청하세요. 규모가 큰 경쟁자들은 속도에서 당신과 경쟁할 수 없습니다. 당신에게는 그들이 시작하기도 전에 아이디어를 반복해서 개선, 시험하고 또다시 반복하며 개선할 수 있다는 이점이 있습니다.

속도에의 집중, 성장 마인드, 새로운 시도를 두려워하지 않는 것이 창업자의 길을 걷는 저에게 계속 동기를 부여해 주었습니다. 제 회사를 돌아보는 동시에, TV 프로그램 〈드래곤스 덴Dragons' Den(기업가들이 투자 자금을 확보하기 위해 벤처 투자가들로 이루어진 패널에 사업 아이디어를 제출하는 리얼리티쇼. 40여 개 국가에서 방송되었으며 캐나다에서는 2006~2022년까지 방송되고 있다.)〉에 출연한 창업자의 이야기를 무수히 접하면서 저는, 기업가들이 사업을 꾸려 나가며 겪는 경험은 저마다 믿기 힘들 만큼 독특하지만 모두가 적어도 한 가지 공통된 문제, 즉 자본 조달의 어려움을 겪는다는 사실을 알았습니다. 이 통찰 덕분에 마침내 **클리어코**를 설립하게 됐죠.

현재 **클리어코**는 투자하는 회사에 소유권을 일체 주장하지 않고, 이자를 부과하거나 개인 보증을 요구하는 일 없이 창업자들에게 자금을 제공합니다. 젊은 기업가가 소유권을 포기하지 않고 자금을 모으기는 매우 어렵습니다. 투자 유치를 위해서는 창업자의 지분을 최저로 낮출 수밖에 없는 상황이 옵니다. **클리어코**는 은행이나 벤처캐피털의 자본에 비해 더 창업자 친화적인 방법으로 회사에 자금을 조달할 수 있다고 믿습니다. 편견 없이, 투자를 원하는 회사의 데이터만을 사용해 우리는 다른 어떤 형태의 투자보다도 빠르고 공정하게 자금을 댈 수 있습니다. 우리와 대화한 지 하루 이틀 안에 최대 1천만 달러를 사용할 수 있다는 사실에 많은 기업가들이 놀라곤 하죠.

이 책과 마찬가지로 **클리어코**는 창업자의 승리를 돕는다는 하나의 사명을 염두에 두고 세운 회사입니다. 우리 회사는 기업가에 의해, 기업가를 위해 태어났습니다. 그리고 저는 우리가 그 사명을 순조롭게 완수해가고 있다고 자신 있게 말할 수 있습니다. 우리는 이미 2,200개 기업에 거의 10억 달러를 투자했습니다. 저는 이 성공의 가장 큰 이유가 속도와 실행을 최적화하고, 완벽이 아니라 실현을 위해 노력한 점이라고 생각해요.

여러분이 아직 학생일 때는 100퍼센트를 목표로 프로젝트를 수행해야 하며 이것이 성공을 위한 당연한 기준이라고 배워왔을 겁니다. 그러나 기업가는 이와 철저히 반대되는 방식으로 행동해야 합니다. 창업자는 속도를 우선시해야 하며, 그러기 위해서는 60퍼센트에 불과한 제품이더라도 시장에 출시한다는 생각에 익숙해져야 합니다. 저는 학생들이 기업가 정신을 발전시켜 경제 혁신의 최전선에 나서는 것에 커다란 가치가 있다고 믿어요. 기업가가 많을수록 더 빠른 속도로 혁신하는 국가가 될 겁니다. 당신이 행동으로 배우는 사람이라면 더더욱 창업을 통해 기업가 정신을 배우는 것이 최고의 방법일 거예요.

그 과정에서 당신은 절망을 느끼고, 외롭고 혼란스러울 수도 있습니다. 하지만 그것은 너무나 당연한 일입니다. 그런 느낌이 들 때 이 책을 매뉴얼로 활용하세요. 기쁘게도 저는 몇 년 동안 스위시와 알고 지냈고 그의 회사인 **서프**의 투자자이기도 합니다. 저는 훌륭한 기업가이자 더 나은 사람으로 성장하는 스위시를 봐 왔고, 그가 지금까지 이루어 낸 일을 무척 자랑스럽게 생각하며 앞으로도 계속 새로운 기록을 써 나가리라 확신합니다. 그는 아이디어를 반복해서 개선하고 그것을 추구하는 용기를 보여줌으로써 세상의 젊은 기업가들에게 영감을 줍니다. 스위시는 기업 활동의 어려움을 헤쳐 나가는 데 필요한 것이 무엇인지 몸소 이해하고 있기 때문에, 현재 젊은이들이 사회에 나와 마주하는 문제를 꾸준히 돕고 있죠. 여러분이 저처럼 이 책을 즐겁게 읽기를 바라며, 이 책을 통해 손만 뻗으면 닿을 곳에 넓은 세상이 펼쳐져 있다는 사실을 깨닫는다면 좋겠습니다. 시작하기만 하면 됩니다.

미셸 로마노우Michele Romanow
클리어코 대표이자 TV 프로그램 〈드래곤스 덴〉의 '드래곤'

우리는 전통적인 경영 서적의 '단숨에 백만장자가 되는 법' 또는 '당신의 사업을 폭발적으로 키워줄 여섯 가지 기초' 따위의 틀에 박힌 거짓말을 더는 견딜 수 없다. 이 책의 내용은 그런 것이 아니다. 우리는 우리의 이야기를 전하고, 당신 또한 훌륭하고 성공적인 회사의 대표가 될 수 있다는 확신을 주고자 한다. 경험을 바탕으로 효과적인 것과 그렇지 않은 것에 대해 조언하고, 우리가 의지하는 멘토들의 다양한 식견을 공유하기 위해 이 책을 쓴다.

우리의 목표는 기업가 정신에 대해 이러쿵저러쿵하는 온갖 잡음을 차단하고, 젊을 때 자신의 회사를 시작하는 사례와 그렇게 하는 방법을 분명하게 보여주는 것이다. 기업 활동과 관련한 수많은 잘못된 정보들이 미디어에 꾸준히 오르내리는 현실에서, 우리는 다른 어떤 곳에서도 찾을 수 없는 가장 현실적인 관점을 제공하고자 한다. '기업가 정신'이라는 고유한 단어에는 전용 제트기를 타고 곳곳을 누비거나 바하마의 해변에서 노닥거리며 돈을 번다는 뜻은 들어있지 않다. 기업의 운영은 사실상 그런 환상과 거리가 멀다. 대부분 기업가의 삶이란 전장의 참호 같은 곳에서, 친구들이 당신만 빼놓고 밖에서 즐기는 동안 홀로 사무실에 남아 꿈을 위해 일하는 것이다. 우리가 이런 말을 하는 이유는 당신을 실망시키기 위해서가 아니라 이것이 현실이기 때문이다. 하지만 그러한 나날에 보람이나 재미가 아주 없다고는 말하지 않겠다. 기업가가 되는 것은 당신에게 놀라운 혜택을 제공하고, 경력을 쌓는 흔한 경로에서 벗어나기에 충분한 많은 장점이 있다. 기업가의 삶은 스스로 의제를 설정하고 관심을 둔 지역 사회에 영향력을 행사하는 자유와 대담해질 수 있는 기회를 제공한다. 이 책에서 우리가 하고자 하는 일은 회사를 설계하는 데 필요한, 그리고 엄청난 업무량과 그에 따른 희생을 예측하고 견딜 수 있도록 도와줄 도구들을 제공하는 것이다. 우리는 둘 다 젊은 나이에 기업 운영을 시작했으며, 우리와 같은 청년 기업가가 많아질수록 업계와 세상 모두에 이익이 되리라는 생각으로 이 책을 썼다.

우리는 이 책에 큰 책임감을 느낀다. 기후 변화, 정치적 양극

화와 유권자의 무관심, 벼랑 끝에 선 핵 문제까지 전 세계가 이처럼 많은 어려움에 직면한 적은 아직 없었다. 좋든 싫든 우리 세대는 이러한 문제를 정면으로 마주해야 한다. 우리에게는 대안이 없다. 세상을 더 살기 좋은 곳으로 만들기 위해 목숨이라도 걸어야 할 판이다. 그리고 실제로 우리의 생존이 달려있는 문제가 산적해 있기도 하다. 그러나 부담을 느낄 필요는 없다. 이런 문제를 대하는 일은 흥미롭고 자유로우며, 우리에게는 목적이 있다. 스티브 잡스는 "당신이 인생이라고 부르는 주변의 모든 일은 당신보다 똑똑하지 않은 사람들이 이룬 것이며, 당신 또한 그것을 바꾸고 영향력을 발휘해 사람들에게 제공할 수 있다. 일단 그런 경험을 하게 되면, 두 번 다시 이전의 삶으로 돌아갈 수 없을 것이다."라고 말한 바 있다.

책에서 우리는 추천하고 싶은 사항들과 함께 우리, 혹은 경험이 풍부한 사업가들이 어떻게 그런 결론에 도달했는지를 구체적으로 보여줄 것이다. 각 장마다 해당 주제에 우리가 접근한 방식을 안내하며, 실용적이고 근거가 있는 내용을 다룬다. 우리는 둘 다 기업가이고 이 책을 쓰는 와중에도 여기에 등장할 바로 그 기술과 조언들을 직접 우리 회사에 적용하느라 바빴다. 우리의 회사는 브랜드와 고객 모두의 공정한 데이터 경제 실현을 돕는 **서프**(스위시), 인공 지능을 사용하여 개인과 조직이 심리적 행복을 정량화하도록 해주는 플랫폼인 **오팀**(퀸)이다. 우리가 회사를 세운 경험을 바탕으로 창업 초기에 일을 진행하는 방법에 대해, 더 나아가 학생의 신분으로 창업하는 길에 대해 예비 창업자들이 충분히 이해하기를 바란다. 우리는 창업에 따르는 모든 장단점을 알고 있다. 그뿐만 아니라 또래의 성공한 기업가들을 인터뷰하여, 그들에게 닥친 문제를 해결하기 위해 기업가의 사고방식을 발휘해야 할 때 학창 시절의 경험이 어떻게 도움을 주었는지도 알아보았다.

이 책은 크게 기업가, 노력, 기업 생태계의 세 부분으로 나누어 1부에서는 기업가처럼 생각하는 방법과 역할에서 오는 스트레스와 책임 관리법을, 2부에서는 노력에 초점을 맞추어 아이디어의 시작부터 해당 사업을 인수하고 판매하는 방법에 이르기까지 모든 것을 분석한다. 마지막으로 3부에서는 확장된 생태계에서 기업가의 역할과, 사회에 더 큰 기여를 할 수 있는 방법에 대해 설명할 것이다.

1부

기업가

1장

기업가의 사고방식

'사고방식'이라는 제목을 보고 미리 염려할 필요는 없다. 우리는 자기계발 사업에 진출하려는 것이 아니니까. 그러나 사고방식이 중요하다는 건 부인할 수 없는 사실이다. 다음에 제시될 관점들을 일상에서 적극적으로, 부지런히 활용하면 당신은 더 나은 지도자, 그리고 인간적으로도 더 괜찮은 사람이 될 수 있다. 수년 동안 우리에게 가르침을 주고 함께 일하는 즐거움을 알게 해준 기업가들에게는 공통적으로 존재하는 특성과 관행들이 있었고, 우리는 그것을 정리해보고자 했다. 다양한 강점과 자질을 지닌 많은 유형의 성공적인 기업가가 있으므로 이것이 전부라고 말할 순 없지만, 그중 일부를 여기에 설명한다.

과단성

"우리는 여러 면에서 지구의 재앙을 막을 수 있는 마지막 세대이며, 세계에서 가장 시급한 문제를 해결하기 위해 과감해져야 합니다. 기회는 두 번 오지 않습니다. 대담함, 그것은 여전히 많은 사람들이 직면해 있는 불의를 인식하고 그에 맞서 행동하는 일이며 우리 모두에게 필수 덕목입니다. 대담함은 당신의 목소리를 내고, 정의보다 무지와 안일함을 우선시하는 사람들이 당신의 행동을 느끼도록 만드는 일입니다."

이 극적인 연설은 대학 마지막 해에 네덜란드 헤이그에서 열린 2019년 '세계 젊은 지도자회의One Young World Summit'에 참석한 퀸이 190여 개국 대표자들 앞에서 한 말이다. 눈치챘겠지만, 그는 웅장한 화법을 즐겨 쓴다. 그렇다고 해서 그가 하고자 한 말의 중요성을 축소할 필요는 없다. 우리 세대는 분명, 한 가지도 아니고 여러 가지 벽차고 불가능해 보이는 문제에 직면해 있다. 이를 해결하려면 과단성이 필요하다. 당신이 사업을 시작할 때도, 이러한 전 지구적인 문제를 해결하기 위한 사업이라면 더더욱 과감함이 요구된다. 과단성은 커다란 위험을 감수하겠다는 의지이다. 회사를 시작하려면 이것이 필수이다. 통계적으로 스타트업 열에 아홉이 실패한다.[1] 자신의 회사를 성공적으로 시작하려면 대담함, 변화를 만들려는 의지가 필요하다. 신중한 준비나 생각 없이 무모하게 행동하라는 말이 아니다. 과감함이 '마음먹은 것은 무엇이든 할 수 있는' 어떤 순간이라는 뜻도 아니다. 당신이 결국에 회사를 차릴 예정이라면 소심하게 목표를 낮추지는 말라는 이야기이다. 우리는 목표를 높게 설정하면 이를 성취하기 위해 더 나은 생각을 하게 될 거라는 점을 당신에게 분명히 말하고 싶다. 당신의 아이디어를 들려줄 테니 먼저 비공개 각서에 서명하라고 요구하는 것은 쓸데없는 짓이다. 창업은 결코 아이디어의 문제가 아니고 실행의 문제이기 때문이다. 아이디어를 실행하려면 과단성을 가져야 한다. 당신은 아이디어를 현실로 만들기 위해 헌신할 수 있을 만큼 충분히 대담해야 하고, 스스로 위험을 감수하도록 밀이붙여야 한다.

🔍 솔선

사람들의 마음속에는 수없이 많은 아이디어가 있으며, 그들 중에는 세상을 바꿀 수 있는 잠재력을 가진 이들도 많다. 하지만 그 아이디어의 대부분은 결국 빛을 보지 못한다. 세상에 널린 동기 부여 포스터 가운데 '나무를 심기에 가장 좋은 시기는 25년 전이었고 두 번째로 좋은 시기는 오늘이다.'라는 문구가 있다. 이 말처럼 대부분의 사람들이 오랜 시간 씨앗을 모으기만 하다가 끝내고 만다. 이유는 다양하다. 자신의 아이디어를 탐구할 여가 시간이 부족하거나, 돈이 없거나, 재정적 안정성을 포기하기 싫거나, 하필이면 잘 모르는 분야의 사업 아이템을 떠올렸기 때문이다. 이유를 말하자면 한도 끝도 없으며 하나같이 다 옳은 말이다. 새로운 일을 한다는 건 원래 어렵다!

모든 기업가에게 보이는 가장 중요한 특성이 사소한 방식일지라도 자신의 아이디어를 기꺼이 실행에 옮기는 자세이다. 교수나 전문가에게 무작정 이메일을 보내 질문을 한다든지, 동호회, 사회 운동, 잡지 창간, 작은 회사, 또는 마음에 품은 어떠한 형태로라도 스스로 떠맡는 수고를 해서 기어코 아이디어를 현실로 만드는 것이다. 솔선수범하려는 의지가 모든 차이를 만든다. 이는 타고난 성향이라기보다 상당 부분 사회적으로 형성되는 것이다! 주변 사람들이 다들 동호회를 운영하거나, 사회 운동을 하거나, 회사를 세우느라 분주한 분위기라면 같은 일을 하기가 훨씬 쉽다. 청년, 특히 고등학교부터 대학, 대학원 또는 그와 비슷한 모든 학교에 있는 청년에 이 책의 초점을 맞춘 부분적인 이유가 이것이다. 흔히 생각하는 바와 달리 오히려 학생일 때 사업을 시작하기에 완벽한 환경이 제공된다. 당신은 인간 지식의 한계를 탐구하고, 자신의 발전을 위해 노력하고, 아이디어를 실현하려는 사람들에 둘러싸여 있다. 이것은 새로운 아이디어에 영감을 줄 뿐만 아니라 따라서 행동할 수 있는 훌륭한 환경이며, 그것 자체로 차별성 있는 조건이다.

◎ 세 가지 '왜'

기업가라면 한목소리로 세상에 대해 비판적이어야 성공할 수 있다고 말할 것이다. 못마땅해한다는 의미가 아니라 분석적인 의미에서 말이다. 기업가로서 당신은 끊임없이 해결해야 할 문제를 찾고 있다. 왜냐하면 다른 사람이 묻지 않는 질문을 하기 시작할 때야말로 다른 사람은 가지고 있지 않은 답을 얻을 것이기 때문이다. 그럴 때 상황이 흥미진진해진다.

이 연습을 습관화하는 간단한 방법은 자신에게 질문을 던진 후에 '왜'를 세 번 연속으로 묻는 것이다. '왜'라고 말하거나 생각할 때마다 당신이 도달한 답에 도전하면서 두 번 더 반복하라. '왜 이 문을 열려면 밀어야 하는지 당겨야 하는지가 불분명할까?'와 같은 사소한 질문에도 말이다(이것은 '노먼의 문Norman Doors'이라는 실제 문제이다. 진지하게 찾아보라).

요컨대 우리가 어떤 일을 왜 하는지에 대해 좀 더 비판적인 관점을 배양하자는 것이다. 우리가 하는 일에는 언제나 이유가 따라붙는데, 그 이유라는 것이 당신의 생각 이상으로 흥미로울 때가 많다. 세상은 믿을 수 없을 만큼 복잡한 곳이고, 우리가 그 사실을 잊는다면 복잡함의 의미는 그만큼 퇴색된다. 복잡함을 즐겨라. 그 복잡함 속에 개선을 위한 끝없는 기회들이 존재하기 때문이다.

이 모든 것을 이미 알고 있었든 아니든, 이유를 묻는 것은 주변 세계에 대한 호기심과 몇 번의 온라인 검색 정도로 해결할 수 있는 간단한 연습이다. 이 연습이 왜 좋은지는 다음 장에서 점점 더 명확해질 것이다.

🔍 책임

회사의 설립자 또는 리더로서 당신은 엄청난 책임을 진다. 모두가 알고 있는 이런 뻔한 이야기를 반복하자는 건 당연히 아니다(첫 문장에 한 뻔한 말은 무시해 주시기를). 여기서 말하는 책임은 우리를 둘러싼 세상을 개선할 책임이다. 그렇다고 판다를 보호하자는 식의 사회 정의를 외치지는 않겠다(판다를 보호하는 것도 물론 가치 있는 일이지만). 우리가 말하는 것은 전 지구적으로 직면한 실존적 도전에 맞서 싸우기 위해 차세대 세계 지도자, 업계 지도자, 유권자 및 변화를 만드는 존재로서 청년이 가진 중차대한 의무이다. 노동 시장은 인공 지능의 등장으로 혼란스럽고, 지구 온난화로 인해 2030년까지 연간 25만 명이 추가로 사망할 것으로 예상된다.[2] 또한 2050년까지 2억에서 5억 정도의 실향민이 생길 수 있다.[3] 이는 우리 세대에 그 무엇보다 더 큰 영향을 미칠 문제이다. 청년인 우리 모두에게는 이러한 문제를 남다르게 해결할 기회가 있다. 그 기회가 주어지는 한, 우리는 최소한 해결하려고 노력할 책임은 져야 한다.

그렇지만 이 책은 창업에 대한 책이므로 이제부터는 사회적 기업을 설계하는 사업 사례를 소개하려 한다.

기업가로서 가장 먼저 할 일은 문제를 식별하는 것이다. 문제가 클수록 시장도 커지고 시장이 커질수록 회사의 잠재 가치도 커진다. 벤처캐피털이든 이웃이든 잠재적인 자금 제공자를 만나면 사람들이나 회사가 당신의 상품이나 서비스를 구매하는 이유와 그들이 당신에게 돈을 지불해야 하는 당위를 설명해야 한다. 나중에 이야기하겠지만 문제가 두드러질수록 솔루션을 판매하기는 더 쉽다. 당신의 솔루션이 고객의 직업, 생명 또는 집을 구할 것이라고 말할 수 있다면 그것은 꽤나 훌륭한 마케팅이다. 이는 영리한 사업 방식이다.

둘째, 재능은 점점 한정된 자원이 되고 있기 때문에 사회적 영향력을 사업의 핵심 요소로 결합하면 최고의 인재를 유치할 때 우위를 점할 수 있다. 한 연구에서는 청년층의 82퍼센트가 회사를 선택할 때 사회적 영향력을 중요시하는 것으로 나타났다.[4]

셋째, 당신의 스토리와 브랜드는 투자에서 인재 유치 및 유지, 확장성에 이르기까지 모든 것에 영향을 미치며 회사의 토

대가 된다. 수익뿐만 아니라 사회적 영향에도 초점을 맞추면 고객이 당신의 사업 이야기에 폭넓게 접근할 수 있고 당신은 향후 미디어가 관심을 갖는 인물이 될 것이다. 성공적인 사업, 특히 개별 소비자 중심의 성공적인 사업에서는 서비스 또는 제품의 품질만큼이나 소비자들이 회사에 대해 가지는 이미지도 중요하다(이것이 경쟁사보다 훨씬 비싼 가격에도 불구하고 애플 제품이 잘 팔리는 이유 중 하나이다). '진심이 느껴지는' 방식으로 고객에게 다가가는 것은 경쟁자와 차별화하고 성공을 극대화하는 훌륭한 방법이다.

🔍 사회적 문제: 기업가적 구상의 기초

우리 둘은 사회의 구성원으로서 우리가 더 잘할 수 있는 일이 무엇인지 생각하는 데 많은 시간을 보냈다. 그렇게 해서 우리와 다른 사람들이 세상에서 가장 시급하다고 여기는 문제의 목록을 만들었다. 기업가 정신에 관한 책에 들어가기에는 이상한 내용 같지만, 당신이 미래의 업계 리더이자 혁신가가 되고자 한다면 이러한 질문으로 시작하는 것은 중요하다고 생각한다. 명시적이든 암묵적이든 당신이 설계하는 사업은 이러한 문제를 해결하거나 혹은 반대로 지속시킬 것이기 때문이다. **페이스북**(현재 기업명은 **메타**이다)이나 **트위터**도 사생활과 표현의 자유에 관한 질의에 답하기 위해 청문회에 소환될 줄은 몰랐겠지만, 그들의 의사 결정과 사업 모델은 그럴 수밖에 없을 만큼 사회적 역할이 컸다. 사업을 시작할 때 다음과 같은 세계적 문제들을 생각해 본다면 회사의 성장에 미치는 영향력이 크게 변할 수 있다.

노동

노동의 미래를 정확히 예측할 수는 없지만, 전문가들은 세 가지 주요 문제를 확인했다. 임시직 선호 경제가 확대되면서 노동 시장에 불안정성이 발생하고, 원격 근로자와 물리적으로 한 공간에 있는 근로자 사이의 격차가 커지고 있으며, 자동화가 기존의 노동 시장을 점점 파괴하고 있기 때문에 작업자를 재교육해야 한다. 코로나19로 인해 직장과 업무에 대한 사람들의 기대치가 극적으로 변화한 점도 노동의 미래를 기업가들에게 가장 중요한 문제로 만들었다.

개인 정보 보호 및 표현의 자유

자유라는 우산 아래 있는 두 가지 큰 문제, 즉 사생활 보호와 표현의 자유에 대한 숙고가 필요하다. 소프트웨어 및 하드웨어의 성능이 높아지고 빅데이터의 가치가 증가함에 따라, 회사와 정부는 개인 데이터를 수집하는 데 점점 더 열중하게 될 것이다. 개인 정보를 어떻게 보호할 것인가? 보호할 가치가 있는 정보는 무엇인가? 상품 및 서비스를 제공받는 대가로 기업들에 어떤 종류의 데이터를 제공하는 데 동의할 수 있는가? 사람들이 제공하는 데이터로 그들을 어떻게 평가할 수 있는가? 두 번째 문제는 자유에 관한 것이다. 우리는 어떤 자유를 어떻게 보호할 것인가? 표현의 자유는 기본적인 권리 중 하나이며, 여기에 어떤 제한이 필요한지를 결정하는 것은 많은 소셜 미디어 플랫폼과 마찬가지로 열린 의사소통과 협업을 허용하는 모든 플랫폼에 있어서 기본이 되는 문제이다.

불평등

불평등은 상품의 모든 분배에, 또한 모든 국가에 존재한다. 소득 불평등과 의료 불평등을 비롯하여 크게 우려되는 문제들이 최근 수십 년 동안 급증했다. 역사적으로, 현재와 같은 엄청난 소득 불평등은 자연재해나 전쟁을 통해서만 해결되었는데, 어느 쪽도 매력적인 해결책은 아니다. 재분배, 기술 개선, 또는 체제 및 구조의 변경을 통해 불평등을 해결하는 것은 향후 수십 년 동안의 평화와 안정을 위해 매우 중요하다. 이러한 불평등의 동인을 이해한다면 혁신과 사회적 변화를 꾀할 충분한 기회를 잡을 수 있다.

이민

포퓰리즘이 국제 정치를 지배하면서 이민에 대한 우려는 최근 몇 년 동안 더욱 악화되었다. 이민자 문제를 해결하려면 반이민 대對 친 이민 수사의 핵심에 있는 우려를 이해할 필요가 있다. 세계적으로 2050년까지 기후 변화와 전쟁으로 인해 최대 5억 명까지 (본국으로부터 강제 이주한) 무국적자가 증가할 것으로 예상된다.⁵ 새로운 기술과 접근 방식을 활용해서 무국적자 발생의 원인을 완화하고 이민에 대한 사회의 두려움을 누그러뜨리는 것은 멀지 않은 미래 사회의 안전과 복지를 보장하는 데 있어서 매우 중요하다.

민족주의

민족주의는 정체성에 대한 최근의 담론을 지배해왔으며 본질적으로 해롭지는 않지만 견제하지 않으면 위험해질 수 있다. 젊은 세대가 더 넓은 사회와 제도에 진입함에 따라 정보를 소비하면서 정체성에 대해 논의하는 방식을 다시 생각할 필요가 있다.

전쟁

〈핵 과학자 회보Bulletin of Atomic Scientists〉는 대규모 핵전쟁에 의한 인류 종말의 가능성을 반영하기 위해 1947년에 고안된 '멸망의 날 시계Doomsday Clock'의 조정을 담당하고 있다. 이런 무서운 물건이 있다니. 확실한 측정값은 아니지만, 자정에 가까울수록 핵 과학자 그룹이 판단하는 세계정세와 핵전쟁의 위험이 높아진다는 점에 주목하자. 시계는 자정을 기준으로 7분에서 처음 시작해, 12분과 사상 최솟값인 100초 범위에서 변동해 왔다. 값이 '현재 자정까지 100초'로 결정된 것은 2020년의 일이다.[6] 미국 대통령, 포퓰리즘의 부상, 기후 변화 또는 사이버 전쟁의 가능성 등과 같은 유력한 변수에 대한 과학계의 위기의식이 이결정을 이끌었다.

우리는 전쟁에 관련한 모든 요소에 주목할 필요가 있고, 우리 세대의 혁신은 이러한 세계적인 위험 요소를 늘리거나 줄이는 데 중요한 역할을 할 것이다. 일부 전문가들은 다음에 벌어질 거대 전쟁은 사이버 전쟁이 될 것이라고 주장한다. 사이버 보안은 우리의 헌신과 혁신을 절실히 필요로 한다. 점점 더 많은 장치가 사물 인터넷에 진입함에 따라 사이버 시스템의 보안은 더욱 위태로워진다. 다음 대량 살상 무기는 핵심 기반 시설과 개인을 노리도록 해킹된 자율주행차일 수도 있고 스마트가전일 수도 있다. 요점은, 초연결 사회의 보안이 마땅히 그래야 할 수준에 있지 않다는 광범위한 합의가 존재한다는 것이다. 이를 바꾸는 것은 우리의 몫이다.

진실

무엇이 진실이고 무엇이 거짓인가? 우리의 문제 해결 방식을 형성하는, 정보에 입각한 합리적인 토론 문화가 진전되려면 사실에 근거한 동의가 핵심이다. 디지털 칸막이 행정과 온라인상 급증하는 가짜 정보의 시대에는 우리가 어떻게 더 면밀히 판단하고, 진실한 정보를 홍보하며, 정보 소비의 균형을 유지하는지를 평가하는 일이 중요하다. 미디어 플랫폼들이 바이럴 효과를 극대화하도록 설계되고 있는 상황에서는 사실과 허구를 구별할 수 있는 장치를 확충할 필요가 있다. 최근의 혁신 기술 중 가짜 뉴스를 식별하고 그것의 확산 방식을 더 잘 이해하는 기능, 보다 사려 깊은 대화를 요구하는 대체 소셜 미디어 플랫폼 등이 이런 장치에 포함된다.

기후 변화

유엔정부간기후변화협의체(IPCC)의 2018년 보고서는 산호초 군락의 완전한 파괴, 극단적인 이상 기후의 증가, 거주가 불가능할 정도의 국지성 폭염, 해안 지역에 사는 전 세계 수억 명의 사람들을 위협하는 해수면 상승 등을 인용하며 인류가 초래한 기후 변화의 엄청난 해악을 보여주었다. 기후 변화의 파괴적인 영향을 제한하려면 정책 변화와 화석 연료 사용 감소는 물론, 새로운 기술을 활용해야 한다. 이 문제의 해결에는 그 어느 때보다 혁신이 필요할 뿐 아니라 대규모의 숲 재생, 탄소 포집 및 저장과 같이 잘 알려진 예방법들을 진전시키고 채택 가능하게 해줄 새로운 방식도 필요하다.

전염병의 유행

원래 이 항목은 원고에 없던 부분인데(퀸이 면역학 및 글로벌 건강 학위를 받았다는 점을 생각하면 아이러니한 일이다.) 마감 직전에 코로나19가 발생했다. 모두 알다시피, 이 전염병은 세상을 이전과는 다른 곳으로 바꿔 놓았다. 우리 세계의 상호 연결성 증가와 이러한 연결성에의 의존은 앞으로 전염병의 발생 가능성이 높아지며 그 영향 또한 대단히 급진적일 것임을 의미한다. 이런 상황을 악화시키지 않고, 미래의 전염병을 예방하는 일은 스타트업에게 엄청난 도전이자 기회가 될 것이다(코로나19를 처음 경고한 캐나다 회사인 **블루닷**을 참고하라).

🔍 젊음의 힘

젊음은 태고부터 불공평한 잣대로 평가받아 왔다. 기성세대는 항상 다음 세대의 무책임함을 한탄한다. 고대 그리스 시대에도 노인들은 젊은이들에 대해 불평했다. 기원전 20년경에 로마의 시인 호라티우스는 《송시Odes》 제3권에 "우리 어버이 세대는 우리 조부의 세대보다 더 안 좋았다.”라고 썼다. “그들의 아들인 우리는 그들보다 더 가치가 없다. 대를 이어 우리는 세상에 더 초라한 자손을 낼 것이다.”[7] 이것은 아주 근사하게 꾸민 다음과 같은 수사이다. “밀레니얼 세대가 집을 살 수 없는 이유는 아보카도 토스트를 너무 많이 먹기 때문이다.” 그렇지만 당신의 젊음이 당신에게 이런 혹평만 안기는 것은 아니다. 개인적인 경험에 따르면 젊음은 항상 양날의 검이었고 올바르게 휘두르면 거의 언제나 긍정적이다.

과소평가에서 오는 유리함

일반적으로 기성세대는 청년의 기술과 능력을 끊임없이 과소평가하는데, 이는 잠재적으로 당신에게 유리하게 작용한다. 첫째, 무엇이든 젊을 때 하는 것이 더 인상적이다. 더 많은 것을 할수록 더욱 인상적이다! 어린 나이가 당신의 성취를 그 실제 가치보다 더욱 값지게 만들어줄 것이다. 이는 곧 당신이 너무 거창하게 시작할 필요는 없다는 뜻이다. 교내 동아리든 무엇이든 일단 시작하라. 이렇게, 할 수 있는 곳에서 리더의 위치에 서고 지도자의 이력서를 개발하라. 그러다 보면 당신의 사업에 날개를 달아줄 사람과 장소에 다가갈 수 있다. 둘째, 스마트폰, 인터넷, 그리고 지난 10년간의 놀라운 기술 혁신 덕분에 오늘날의 젊은이들은 과거 어느 세대보다 광범위하게 연결되어 있

고 문화적으로 유능하다. 이런 연결성을 통해 제공되는 지식은
매우 강력하다. 그것을 활용하라.

1 Chakrabarti, R (2017) 9 out of 10 start-ups fail. Here's why! Entrepreneur, www.
   entrepreneur.com/article/295798 (archived at https://perma.cc/X6P3-62AS)

2 WHO (2021) Climate change and health, http://www.who.int/ news-room/fact-sheets/
   detail/climate-change-and-health (archived at https://perma.cc/HTP8-DGAW)

3 Stern, N (2014) Summary of Conclusions, in The Economics of Climate Change, xv–xx,
   http://doi.org/10.1017/cbo978051181 7434.003 (archived at https://perma.cc/2SXF-
   PPCG)

4 Zimmerman, K (2017) 5 things we know millennials want from a job, Forbes, https://www.
   forbes.com/sites/ kaytiezimmerman/2017/10/01/5-things-we-know-millennials-want-
   from-a-job/#5f0f9f7c7809 (archived at https://perma.cc/ R7CK-B9WV)

5 Stern (2014)

6 The Bulletin (nd) Doomsday Clock, https://thebulletin.org/ doomsday-clock/ (archived at
   https://perma.cc/LFT4- W3UG)

7 Sedar, J (2013) 15 historical complaints about young people ruining everything, Mental
   Floss, http://mentalfloss.com/ article/52209/15-historical-complaints-about-young-people-
   ruining-everything (archived at https://perma.cc/CGA9-7ZZH)

2장

창업에 대한 잘못된 생각들

'기업가' 하면 가장 먼저 떠오르는 이미지가 무엇인가? 아마도 으리으리한 전용기에서 값비싼 정장 차림으로 나오는 사람일 것이다. 혹은 최고경영자가 지난해 최고 매출을 경신한 모든 계열사 사장단과 회의를 진행하는 가운데 숨죽이며 앉아 있는 임원들로 가득 찬 회의실을 상상할 수도 있다. 최근 들어 기업가가 되고 싶어 하는 사람이 날로 늘고 있는데, 이런 기대감의 한편에는 회사를 차리는 것에 대한 여러 오해가 수반된다. 이제부터 그중 네 가지 항목, '첫째, 기업가의 삶은 매혹적이다. 둘째, 기업가의 주변에는 사람이 많다. 셋째, 창업으로 빠르게 돈을 벌 수 있다. 넷째, 기업가는 타고난다.'를 하나씩 들여다보며 당신이 혹시나 품었을 오해를 풀고자 한다.

🔍 '기업가의 삶은 매혹적이다'

사람들은 기업가가 외제차를 몇 대씩 세워 둔 대저택에서 사치스러운 생활을 즐긴다는 잘못된 인식을 가지고 있다. 인스타그램에는 자신의 부를 과시하고, 창업을 스트레스 없는 일, 남들보다 수월하게 갖고 싶은 걸 손에 넣는 일로 묘사하는 자칭 '기업가'들이 많다. 하지만 옛말에도 있듯, 어떤 것이 사실인가 싶을 정도로 지나치게 좋아 보인다면 그것은 아마 사실이 아닐 것이다. 소셜 미디어가 보여주는 것은 (일부가 만들어낸) 기업 활동의 최종 결과, 즉 수많은 시간을 갈고 닦은 후에 가까스로 도달한 성공의 극히 일부분이다. 소셜 미디어에 사진이나 동영상으로 올릴 만한 것도 아니고 '좋아요'를 많이 받지도 못하지만, 사실 영광의 기초가 되는 것은 기업가로서 책상에 고개를 숙이고 일하며 보낸 시간이다. 특히 그것은, 고된 일에 대한 보상과 수익의 보장도 없는 상태에서 회사를 설계하는 데 쏟고 있는 시간과 에너지가 결국 그만한 가치가 있으리라는 본질적인 믿음이 있어야만 가능한 일이다. 모든 사람이 다 가진 것도 아니고 기꺼이 감당하려고도 하지 않는, 비교할 수 없는 수준의 정신적 강인함과 인내가 있어야 이 시간을 지날 수 있다. 언론이 보여주는 화려함은 일상적인 기업가의 활동과는 거리가 멀다. 실상은 기업가의 일상 업무 중 약 80퍼센트가 그리 선호할 만한 일이 아니라는 것이다. 법적인 계약 처리, 이메일 확인 및 응답, 외근이나 출장, 약속 일정 잡기 등이 대표적이다. 이렇게 평범하고 지루한 일을 견디는 동인은 전체 과정에 대한 진정한 욕구와 갈망이다. 유능한 기업가는 일상적인 일이 어떤 식으로든 사업을 진척하는 데 도움이 될 것이라는 사고방식을 갖고 있으며, 이 생각만으로도 매일 이런 일을 반복하는 충분한 동기가 된다. 사업의 초기에, 당신은 눈앞의 급한 불을 끄거나 갑자기 튀어나온 문제를 처리하는 등 끊임없이 책임을 져야 하는 자신을 발견하게 될 것이다. 이것이 기업가의 일상적인 모습이며, 소셜 미디어에 만연한 매력적인 거짓 묘사와는 정반대의 현실이다.

◎ '기업가의 주변에는 사람이 많다'

기업가의 활동에 관한 흔한 오해 또 한 가지는 기업의 일이 처음부터 끝까지 많은 사람들과 함께 하는 과정이라는 생각이다. 사람들은 기업가들이 공동의 목표를 탐색하기 위해 큰 팀으로 움직이는 모습을 그리거나, 고객과 많은 시간을 보낸다고 상상한다. 그러나 사실, 기업가의 여정은 매우 외롭다. 회사를 설립한 첫 해에는 특히 그렇다. 초기에는 대부분의 시간을 혼자, 아이디어를 다듬으며 사람들이 이해하고 참여할 수 있는 실제 사업으로 전환할 방법을 모색하는 경우가 많다. 독립적으로 수행해야 하는 일이 얼마나 많은가에 따라 당신은 친구 및 가족과 보내는 시간을 희생할 수도 있다. 그러나 회사를 설계하는 동안에도 개인의 행복과 정신적 복지를 최적으로 유지하기 위해 반드시 지켜야 하는 워라밸이(사람마다 정도는 다르지만) 있다. 실제 일정표든 휴대전화의 달력앱이든 자신을 위한 효과적인 일정을 만드는 것이 창업 성공의 핵심이다. 거기에는 기업가로서의 책임(회의, 제품 시연 등)뿐만 아니라 사랑하는 사람과 보내기 위해 따로 떼어놓는 시간도 포함된다. 일정표에 추가하지 않으면 이 시간을 제대로 보내지 못할 것이다.

기업가가 경험하는 외로움을 달래는 또 다른 방법은 연락하며 지낼 수 있는 동료 기업가의 모임을 적극적으로 찾는 것이다. 스위시의 경우, 친구 및 동료 창업자들과 농구 모임에 가입하여 공동체에 속해 있다는 느낌을 얻었다. 다른 기업가들과의 이런 모임을 가까이하는 것은 거기 속한 모든 이들에게 위안을 줄 수 있다. 당신만이 외로운 길을 걷고 있는 것이 아니며 같은 불안을 겪는 다른 이들이 곁에 있다는 사실을 알 수 있기 때문이다. 이런 공동체는 어디에서 찾을 수 있을까? 가장 쉽고 효과적인 방법은 링크드인이나 페이스북, 인스타그램과 같은 소셜미디어를 이용하는 것이다. 간단한 개인쪽지 한 통으로 어떤 활동이든 서로가 즐기는 일을 하면서 매주 한 시간 정도를 할

애하는 데 관심이 있는지를 다른 창업자들에게 물으면 된다. 이렇게 해서 기대되는 정기적인 사교 모임이나 취미 활동이 생긴다는 점과, 타인과 소통하며 자신을 드러낼 기회를 만드는 것이 중요하다.

일상에서 느끼는 스트레스와 압박감의 해소를 위해 권유하는 또 한 가지는 명상이다. 세계적으로 유명한 인물들이 매일 행하는 명상의 효과를 인정한다. 명상은 정신의 강인함을 유지하는 데 도움을 준다. 농구선수 르브론 제임스LeBron James는 "나는 언제나 정신 건강에 우선순위를 두며 그것은 육체적인 모든 능력만큼이나 내 일과 삶에 중요하다."고 말했다.[1] 헤드스페이스 또는 캄과 같은 명상앱은 원하는 시간에 쉽게 명상할 수 있게 도와준다. 기업가로서의 하루하루가 얼마나 어려운지 상기한다면, 정신 건강을 관리할 필요성은 더욱 강조되어야 한다. 회사를 설계하는 과정에서 때로는 우울한 기분이 들 수 있지만, 이는 당신만이 느끼는 감정이 아니라는 점을 이해하라. 모든 창업자는 목표를 달성하기 위해 노력을 이어가는 어느 시점에 낙심하거나 불안을 느낄 수 있고, 이는 기업 활동과 같이 위험을 감수해야 하는 일에 자연스레 수반되는 것이다. 기업 활동과 정신 건강에 부정적인 상관관계가 있다는 오명을 지우기 위한 노력이 최근 몇 년 사이 진전을 보긴 했지만, 마음 챙김에 관한 대화는 여전히 의미가 있다. 지금 당신이 무엇을 위해 싸우고 있는지 기억하고, 비슷한 경험을 했거나 현재 하고 있는 동료 기업가들의 공동체에 의지하라.

🔍 '창업으로 빠르게 돈을 벌 수 있다'

회사를 차리면 금방 돈을 번다는 오해도 이제는 사라져야 한다. 많은 사람들이 그런 생각을 하는 이유를 이해 못 하는 것은 아니다. 날마다 수백만 달러에 팔리는 회사들이 새로 나온다. 우리는 단순히 새로운 사업 아이템을 떠올리고 그것을 실현하기만 하면 1년 안에 차세대 마크 저커버그가 될 거라는 믿음에 익숙하다. 그러나 숫자가 증명하는 기업가의 현실은 다르다. 신규 기업 열에 아홉이 문을 닫는다는 흔한 통계를 들어봤을 것이다.[2] 이보다 더 정확한 숫자가 있다. '소규모 사업 연합Small Business Association'에 따르면 신생 업체 30퍼센트가 출범 후 2년 이내에 실패(도산)하고, 50퍼센트는 첫 5년 내에, 66퍼센트는 10년 내에 실패한다.[3] 당신이 예상했던 것보다는 괜찮은 수치라고 생각할 수도 있다. 그러나 고려해야 할 부분은 창업 초창기의 자본 투자는 오직 사업이 급성장하고 확장될 때에만 증가한다는 점이다. 이에 반해 예상치 못한 지출은 매우 자주 발생하며, 그러다 보면 본인도 모르게 심각한 재정 적자에 빠질 수 있다. 은행 대출은 사업을 진척한 범위 내에서만 가능하며, 신중하지 않으면 (특히 1인 기업인 경우) 당신의 개인 자산도 대출 기관에 저당 잡힌다. 간단히 말해서, 기업보다 훨씬 빨리 돈을 버는 쪽도 있을 수 있다는 것이다.

금방 매각하겠다는 생각으로 회사를 시작해서는 절대 안 된다. '얼른 부자가 되자'는 목적으로 기업가가 된다면 일이 계획대로 가지 않을 때 크게 실망하고 분명 비참해질 것이다. 서프의 개발 단계에서 회사는 몇 가지 장애물을 만났다. 출시 지연외에 상표권 침해와 같은 법적 문제가 발생한 것이다. 하루 빨리 회사를 매각하기 위해 사업을 하는 기업가라면 이러한 장애물을 핑계로 즉시 회사를 그만둘 수도 있다. 그러나 **서프**의 공동 창업자 스위시와 아니크는 기업 활동이 점진적인 과정이라는 것을 올바르게 이해했고 이를 동력으로 삼아 어려움을 극복해 나갔다.

본격적인 여정을 시작하기 전에 사업을 설계한 의도를 통찰하는 기업가의 모습에서부터 진정한 존경이 우러난다. 누구를 도우려는 것인가? 기존의 방식을 어떻게 바꾸려고 하는가? 어떻게 세상에 영향을 미치고 무엇을 회사의 유산으로 남길 것인가? 이러한 질문에 답하며 창업을 하는 목적을 확고히 하기 바란다. 그리고 언젠가 기업 활동의 가치를 고민하는 순간이 찾아온다면 당신이 구한 답으로 다시 야망에 불을 지펴볼 수도 있다. 캐나다의 코미디언 짐 캐리Jim Carrey는 한 졸업식 연설에서 이렇게 말했다. "타인에게 미치는 영향력이 당신의 가장 가치 있는 재화입니다."[4] 이 말을 성공의 잣대로 내면화한다면 끝없이 돈을 추구하는 태도만으로는 결코 넘을 수 없는 어떤 역경도 극복할 수 있을 것이다.

◎ '기업가는 타고난다'

얀 쿰Jan Koum은 우크라이나 키이우의 작은 마을에서 건설 노동자인 아버지와 주부인 어머니 슬하에서 자랐다. 뜨거운 물도 나오지 않는 작은 집에서 세 식구가 살다가 얀이 열여섯 살 되던 해, 어머니는 그를 데리고 정치사회적 격동이 몰아치는 고국을 떠나 미국 캘리포니아주로 이주했다. 그들은 (정부 지원을 통해) 침실 두 개짜리 아파트를 얻었고 얀은 종종 식사를 해결하기 위해 줄을 서서 주정부가 배부하는 식권을 받았다.[5] 그러던 중 어머니가 암 진단을 받는 비극이 닥쳤고 그들은 주정부의 장애 연금에 의지해 살아야 했다. 얀은 공부에 크게 소질이 없었고 학교 선생님들은 그를 말썽꾸러기라고 생각했다. 그런데 그는 이 시기에 한 가지 기술을 습득했다. 서점에서 중고 교재를 사서 다 보고 나면 팔고 다른 책을 사는 식으로 열여덟이 될 때까지 컴퓨터 프로그래밍을 독학한 것이다. 그는 학부생의 신분임에도 **야후**에서 인프라 엔지니어로 일하기에 충분한 컴퓨터 네트워킹 전문가였다. 이 회사에서 9년을 일하는 동안 얀은 모바일 앱의 인기가 치솟는 것을 목격하고 2009년 **와츠앱**을 창업했고, 2014년에는 190억 달러를 받고 회사를 **페이스북**에 매각했다.[6] 얀은 다른 많은 창업자들과 마찬가지로 자신의 회사를 차린다는 생각은 전혀 하지 못한 채 오랜 기간 회사에 속해 있던 사람이다. 그에게는 오히려 창업보다 가족의 다음 끼니가 더 시급한 문제였을 것이다. 또 당시만 해도 누구나 기업가가 될 수 있다는 생각이 지금처럼 흔하지는 않았다.

기업에 고용되기 힘든 사람들이 회사를 차리는 것이라 여겨지던 때가 있었다.[7] 당시에 누군가 스스로를 기업가라고 칭하면 거기에는 분명히 구분되는 두 가지 함의가 있었는데, 하나는 그가 대단히 부유하다는 의미이거나(그러므로 그는 재정적 위험을 쉽게 감수할 수 있었다) 그게 아니면, 일자리를 찾지 못해 대신 사업을 시작했다는 뜻이었다. 그러나 이제는 기업가들이 혁신을 촉진하고 국제적으로도 여러 기업과 경쟁하는 분위기가 되면서, 기업 활동 자체가 세계 경제의 귀중한 자산이 되었다. 캐나다의 온타리오 주정부는 현재 15~29세 사이의 시민에게 기업 활동 보조금과 자원을 제공하고 있다. 성공적인 지원자에게 창업 비용으로 최대 1,500달러를 선불로 지원하는 '서머 컴퍼니'도 그 일환이다. 우리 부모가 우리 나이였을 때는 창업자를 위한 정부 지원 프로그램 같은 건 아예 들어본 적도 없는 이야기였다. 이것만 보아도 이제는 기업 활동이 얼마나 대중적으로 인식되는지 알 수 있다.

기업 활동을 경력 계발의 측면에서 고려할 때 개인이 기업가가 되기를 원하는 이유는 무엇일까? 2016년 〈암웨이 세계 기업 활동 보고서Amway Global Entrepreneurship Report〉에 따르면, 기업 활동을 하기로 결정한 사람들의 두 가지 동기 부여 요인은 고용주로부터 독립할 필요성과 자아 성취였다.[8] 그러나 이 두 가지 일반적인 요인 외에도 모든 진정한 기업가에게(자칭 기업가와는 달리) 공통적으로 존재하는 무언가가 그들을 실제 기업가로 만들었다. 이러한 유사점을 들여다보면 타고난 지능과 연관된 것은 전혀 없는데, 이는 곧 당신이 누구일지라도 기업가가 될 수 있다는 뜻이다. 물론, 타고난 지능으로 빨리 배우는 능력은 어느 정도 유익하다. 그러나 거기에는 한계가 있고, 모든 사람이 무에서 시작하여 더 높은 곳으로 나아가는 기업 활동이라는 마라톤에서는 특히 그렇다.

기업가 정신을 가진 사람들의 공통점은 자신의 아이디어를 '실행'하는 일에 집중한다는 것이다. 이들은 아무리 위대한 아이디어라도 실행하지 않으면 그냥 생각으로만 남아 있게 된다는 믿음을 공유한다. 기업가가 되는 사람들은 한번 생각해 보는 것에 안주하지 않고 자신의 선견을 행동으로 옮기는 것을 사명으로 삼는다. 토머스 에디슨이 무심히 던졌던 말처럼, '실행이 없는 선견은 단지 환각일 뿐'이다. 가만히 앉아서 다른 사람이 내 마음속 창조물을 현실로 만들어 주길 기다리는 것이 아니라, 제품을 시장에 노출하고 정보를 수집하며 다양한 형태의 아이디어를 거듭 생각해보는 것이 진정한 실행이다. 모든 기업가에게 공통적으로 보이는 또 다른 특성은 해결책을 찾을 때까지 계속해서 문제를 조금씩 줄여 나가는 불굴의 끈기인데, 그들의 진정한 실행력은 너무 오랫동안 장애물에 막혀 있는 상태를 허용하지 않는다.

기업가는 고난과 실패가 과정의 일부이며 그러한 장애물 없이는 궁극적인 목적지에 도달할 수 없다는 것을 안다. 인생에서 역경을 이겨내 본 적이 없다면 어떻게 적극적으로 인내심을 키울 수 있을 것인가? 모호함과 생소한 상황을 정면으로 마주할 때 진정한 인내심이 길러진다. 괴로운 상황에 스스로를 놓아 보자. 즉, 한 번에 달성할 수 없다고 느끼는 목표를 설정하는 것이다. 이러한 목표를 향해 조금씩 진척해 나가는 실행 가능한 단계를 만들라. 특정한 목표를 달성하기 위해 노력하고 있는 친구의 도움을 받으라. 각자의 진행 상황을 진전시키거나 후퇴시키는 결정에 대해 정기적으로 서로에게 책임을 물어보라. 인내는 당신을 불편하게 만드는 일을 기꺼이 반복할 때 생겨나는 부산물이다. 바라는 최종 결과를 얻기 위해 다시없을 집중력을 발휘하는 일에 자신을 바치는 것이 바로 인내이다.

이러한 기업가적 특성을 기업 활동 외의 다른 수단으로도 개발할 수 있다고 주장하는 사람도 있을 것이다. 이에 대한 답으로 스위시가 **뉴 애비뉴 캐피털**의 설립자이자 그의 오랜 멘토인 매니 패다Manny Padda로부터 받은 조언을 소개한다. 매니는 종종 "누구나 기업가적 성향을 발전시킬 수 있지만, 진정한 기업가 정신과 자세는 신념을 높여 프로젝트에 몰두할 때만 생겨난다."라고 말한다. 이 조언은 많은 창업자들이 공유하는 정서인데, 기업가 정신은 가르친다고 생기는 것이 아니라 직접 경험을 통해 배워야 한다는 뜻이다. 실수를 하면 거기서부터 다시 나아가고, 역경에 직면하여 그것을 극복하고, 무엇이 효과가 있는지를 시험하며 점진적으로 개선하는 일련의 과정을 겪으면서 말이다. **링크드인**의 공동창업자이자 전 회장인 리드 호프먼Reid Hoffman은 빼어난 비유로 기업가 정신을 설명했다. "기업가는 낭떠러지에서 뛰어내려 추락하고 있는 비행기를 조립하는 사람이다."[9] 이것이 기업가가 되기 위해 감당해야 할 불확실성(거의 광기라 할 만한)의 수준이다. 이런 건 기업가의 본능을 타고났다고 해서 가질 수 있는 경력이 아니다. 대신에 기꺼이 위험을 감수하고서라도 자신의 사업을 시작하게 만드는 개인적인 경험과 발전된 성격적 특성이 누적되어 만들어지는 것이다.

1 Gagne, Y (2019) LeBron James partners with Calm to improve your mental fitness, Fast Company, https://www.fastcompany. com/90441135/lebron-james-partners-with-calm-to-improve-your-mental-fitness (archived at https://perma.cc/C7CT-874H)

2 Chakrabarti, R (2017) 9 out of 10 start-ups fail. Here's why! Entrepreneur, www. entrepreneur.com/article/295798 (archived at https://perma.cc/F2PR-GFVB)

3 McIntyre, G (2020) What percentage of small businesses fail? Fundera, https://www. fundera.com/blog/what-percentage-of-small-businesses-fail (archived at https://perma. cc/KKG4- A6Y9)

4 Maharishi International University (2014) Full speech: Jim Carrey's commencement address at the 2014 MUM graduation (EN, FR, ES, RU, GR,...), YouTube, www.youtube.com/ watch?v=V80-gPkpH6M (archived at https://perma.cc/5C4X-MDG4)

5 Olson, P (2014) Exclusive: The rags-to-riches tale of how Jan Koum built WhatsApp into Facebook's new $19 billion baby, Forbes, https://www.forbes.com/sites/ parmyolson/2014/02/19/ exclusive-inside-story-how-jan-koum-built-whatsapp-into-facebooks-new-19-billion-baby/#5d047d782fa1 (archived at https://perma.cc/G7W8-35C7)

6 Ibid

7 Reich, R (2010) Opinion | Entrepreneur or Unemployed? New York Times, www.nytimes. com/2010/06/02/opinion/02reich. html. (archived at https://perma.cc/LL7P-SQR2)

8 Amway (2016) Amway Global Entrepreneurship Report reveals American attitudes and confidence in self-employment rise above the global average, Multivu, http://www.multivu. com/ players/English/7784253-2016-amway-global-entrepreneurship-report/ (archived at https://perma.cc/H4DV-6RYB)

9 Taylor, C (2018) LinkedIn co-founder Reid Hoffman says starting a company is like 'jumping off a cliff', CNBC, www. cnbc.com/2018/11/02/linkedin-co-founder-reid-hoffman-says-starting-a-company-is-like-jumping-off-a-cliff.html (archived at https://perma.cc/V47P-8ZP3)

2부

노력

3장

시작하기

　전통적으로 사업의 시작은 제품의 아이디어를 빌전시킨 후 개발, 시험, 그리고 출시라는 어느 정도 고정된 과정을 따라갔다. 이것을 '제품 개발 모델'이라고 하는데, 우리는 이제 사업을 설계하는 방식을 바꿀 때라고 말하고 싶다. 이 모델은 '만들기만 하면 다음은 알아서 잘될 것이다'라는 고전적 사고에 의존한다. 요즘 같은 세상에서는 절대로 기대조차 할 수 없는 일이다. 그런데도 여전히 훌륭한 기술이나 서비스의 설계에만 치우친 나머지, 그것이 반드시 구매로 이어지는 것은 아니라는 사실을 잊어버리는 일이 반복되고, 그만큼 많은 스타트업이 실패하고 만다. 2019년의 한 연구에 따르면, 지금 우리가 보는 인터넷 데이터의 90퍼센트가 2016년 이후 생성된 것이라고 한다.[1] 새로운 정보가 생겨나고 도입되는 속도는 말 그대로 상상 그 이상이다. 이런 정보 포화의 시대에 고객이 우연히 당신의 제품이나 서비스를 발견해 주리라는 희망을 가지고 사업을 설계하는 것은 말이 되지 않는다.

🎯 1단계: 문제에서 출발하기

'제품 개발 모델'의 허점은 훌륭한 제품에 집착한다는 것이다. 하지만 정작 집중해야 할 부분은 '무엇이 큰 문제인가' 하는 점이다. 사람들은 자신의 문제를 해결해주지 못하는 제품에 돈을 쓰지 않고, 해결해 주리라는 기대가 없으면 제품에 선뜻 손을 뻗지 않는다. 훌륭한 제품이나 서비스를 만드는 것은 모든 성공적인 사업의 기본이지만, 시작 지점은 거기가 아니다. 아이디어부터가 아니라 문제의 발견으로부터 시작하라. 고객과 고객이 가진 문제를 위해 사업을 설계하라. 당신이 그들에게서 본 문제가 아니라, 그들이 문제가 있다고 당신에게 말하는 것을 들어야 한다. 열악한 조직력을 제외하고 회사가 실패하는 가장 큰 이유는 결국 당신이 내놓은 솔루션을 구매하는 고객이 없기 때문이다. 왜 당신의 솔루션에 돈을 쓰지 않느냐고? 고객이 비용을 지불할 만한 문제를 다루고 있지 않다면 그 솔루션은 수익성이 없는 것이다.

고객이 처한 문제를 중심으로 사업을 설계한다는 것은 동시에 고객을 위한 솔루션을 중심으로 사업을 설계하는 것이고, 고객이 무엇을, 어떤 방식으로 원하는지 이해하기 위해 고객과 협력한다는 의미이다. **아마존** 같은 세계 최대의 기업이 이러한 관점을 방침으로 삼아 강력한 고객 중심의 사업 모델을 운영하고 있다.

시작하는 과정은 구체적으로 어떤 모습일까? 우리는 '고객 개발 모델'이라는 뭔가 있어 보이고 흥미로운 용어를 쓸 것이다(우리가 만든 용어는 아니고 널리 쓰이는 말 중에 최적의 표현을 찾았다). 고객의 문제점을 발견하고, 잠재적인 솔루션을 찾고, 그 가상의 솔루션을 사용자의 피드백으로 검증하고, 그런 다음 실제로 솔루션을 만드는 순서로 움직이라! 이 과정 전반에 걸쳐 고객의 요구 사항을 충족시킬 더 좋은 방법을 고민하기 위하여 잠재적 고객과 지속적으로 상의해야 하며, 고객의 검증 후에도 상의는 계속되어야 한다. 이제 시작해 보자.

문제

먼저 잠재적인 문제를 발견하라. 적절한 문제로부터 시작하는 것이 미래의 성공을 보장하는 핵심이다. 큰 문제일수록 더 좋다. 이 시점에서 중요한 것은 유연성이다. 다양한 시장에서 폭넓게 문제를 조사하다 보면 사람들이나 기업이 진정으로 고칠 필요가 있는 것이 무엇인지 더 많이 알게 될 텐데, 이 과정에서 처음 선택했던 문제가 변경되거나 발전할 가능성이 높다. 아무런 변동 사항이 없다면 당신은 매우 운이 좋거나 천재가 틀림없다. 둘 다 아니라면 자신을 속이고 있는 것이다.

그렇다면 문제를 어떻게 선택해야 할까? 한계는 없다. 세상은 문제로 가득하니 그 중 하나를 고르면 된다. 간단하지만 효과적인 방법은 당신이 해결하고자 하는 '이상적인' 문제가 보일 법한 특징을 먼저 개요로 작성하는 것이다. 다음에는 검색 범위를 좁히는 데 도움이 될 여러 가지 일반적인 지침 또는 문제의 성질을 적는다. 우리는 큰 문제를 목표로 하는 것이 좋다고 주장하고 싶지만, 보다 작은 규모를 고려하고 있다면 다음에 논할 특성들은 당신의 사업과 관련은 있으나 좀 더 일반적인 경우로 여기기 바란다. 어쨌거나 초대형 문제는 아닐지라도 사람들이 솔루션을 얻기 위해 기꺼이 비용을 지불할 만큼 충분히 큰 문제는 늘 있다.

세계적인 문제

문제는 규모 면에서 세계적이어야 한다. 모든 벤처 기업의 시작에는 상당한 기회비용이 든다. 사업을 하기 위해 놓친 기회는 의심할 여지없이 매우 소중한 것이니 처음부터 사업을 할 만한 가치가 있는 문제인지를 확인하는 것이 중요하다. 이는 특히 학교에 다니는 사람들에게 해당된다. 학교에는 방학 인턴이나 잠재적인 직업 체험 기회가 많을 것이므로 그만큼 기회비용이 높아진다. 이것이 반드시 나쁜 상황이라고 할 수는 없고, 단지 이 경우 당신은 진정으로 가치가 있다고 판단될 때에만 사업을 선택할 가능성이 높다. 사실 결정은 당연히 그렇게 진지하게 해야만 한다.

고통스러운 문제

문제는 고통스러워야 한다. 스스로에게 물어보라. 사람들이나 기업이 관심을 갖는 종류의 문제인가? 당신의 솔루션에 비용을 지불할 만큼 충분한 관심을 끌 만한가? 관심이 많을수록 거기에 더 많은 비용을 지불하게 된다. 너무나 많은 기업들이, 유독 IT 산업에서, 사람들이 그다지 신경 쓰지 않는 문제를 해결하려고 한다. 이것은 특히 앱 개발에 해당되는데 '무엇이든 그것을 위한 앱이 있다'는 말이 나온 데는 다 이유가 있다. 구글 플레이와 **애플**의 앱스토어에만 해도 600만 개 이상의 앱이 있고, 이 중엔 사실상 아무 문제도 해결하지 못하는 앱이 넘쳐난다.[2] 채팅앱 요Yo를 예로 들어 보자. 그것은 친구에게 '야(앱 이름 그대로 Yo)'라는 말을 전송하는 것 외에는 아무 기능도 없다. 그게 전부다. 이 앱은 코딩에 여덟 시간이 걸

렸고 100만 달러의 초기 투자금을 받았다. 급하게 '야!'라고 친구를 불러야 할 일이 있을 수도 있겠지만, 사실 어떤 고객도 돈을 내면서까지 그렇게 하진 않을 것이다. 창업자가 100만 달러의 초기 자금을 확보할 수 있었던 것은 그의 천재성이나 벤처 자본의 무지몽매함이 이유이거나 이 시장에 도저히 판독 불가능한 무언가가 있다는 증거이다. 하지만 뒤집어 생각해보면 이런 사소한 일 말고, 우리가 시간을 투자해 해결해야 할 더 긴급한 문제가 여전히 묻혀 있다는 뜻이기도 하다.

다음에서 이야기할 특성들은 우리 사회의 구조를 바꿀 만한 대규모 신규 기업을 만들고자 하는 기업가를 위한 것이다. 정말 어려운 일이지만(퀸과 스위시도 하지 못했다… 아직은.) 그러한 규모의 회사를 만들기 위해 접근하는 방법을 탐색하고 이해하는 것만으로도 유익하다.

10억 달러짜리 문제

문제의 시장 규모는 10억 달러, 즉 1조 원 이상이 좋다. 특정 문제를 경험한 전 세계의 사람들이 당신의 솔루션을 산다고 했을 때 그 총 수익이 10억 달러 이상일 것인가를 고려해야 한다는 말이다. 투자자를 찾아가려면 특정한 솔루션이 왜 투자할 가치가 있는지를 증명해야 한다. 주요 방법 중 하나는 솔루션의 전체 시장(TAM: Total Addressable Market)을 설명하는 것이다. 만약 당신이 투자를 받는다면, 전체 시장의 더 많은 부분을 '포획'할 수 있을 것이다. 투자자들은 당신이 이미 확보한 시장 규모와 그 시장이 얼마나 큰지, 유사한 솔루션을 제공하는 경쟁업체가 얼마나 되는지 등에 따라 해당 시장에서 당신이 얼마나 많은 부분을 차지할 수 있는지를 평가한다. 요컨대 시장이 클수록 회사의 잠재적 가치가 더 커진다는 것이다. 일반적으로 회사가 집중하는 문제의 시장 규모가 10억 달러 미만인 경우, 투자 유치 규모가 훨씬 적어지는 경향이 있다.

엄청난 수익

투자자에게 최소 열 배의 잠재적인 투자 수익을 세공하는 문제를 찾아야 한다. 많은 투자자가 이를 당신의 회사에 투자할지 여부를 결정하는 기준점으로 삼는다. 그렇다면 이제, 투자자는 당신의 솔루션이 투자 대비 열 배의 수익을 창출할 잠재력이 있는지 어떻게 판단할까 궁금해진다. 팀 구성에서 시장 규모에 이르기까지 모든 요소를 놓고 이를 계산하는 방법은 투자자마다 조금씩 다르다. 가장 일반적이고 기본적인 방법은 현실적으로 창출할 수 있는 수익의 시장 크기를 당신의 회사가 크게 성장한다면 창출할 수 있는 잠재적 수익의 시장 크기 비율로 계산하는 것이다.

열 배의 수익률 계산하기

현실적으로 수익을 창출할 수 있는 시장의 크기를 잠재적으로 수익을 창출할 수 있는 시장의 비율로 계산하는 것은 회사의 전체 시장(TAM: Total Addressable Market), 유효 시장(SAM: Serviceable Addressable Market) 및 실제 점유가능 시장(SOM: Serviceable Obtainable Market)[3]을 계산하는 것으로 이해할 수 있다. 여기서는 이들 항목을 설명한다. 회사의 잠재력에 대한 가정을 정당화하려면 이를 산정하는 것이 중요한 첫 번째 단계이다.

전체 시장(TAM)은 문제를 경험한 모든 사람이 회사의 솔루션에 비용을 지불할 경우의 총 시장 규모이다. 전체 시장은 거대하고 개념적인 최고치에 가깝지만 회사가 최대 얼마나 커질 수 있는지 이해하는 데 도움이 된다. 유효 시장(SAM)은 회사가 잘 성장하고 많은 고객이 원하며 비용을 지불할 의향이 있는 솔루션을 제공할 수 있는 경우의 잠재적 시장이다. 실제 점유가능 시장(SOM)은 2~4년 이내에 합리적으로 벌어들일 수 있는 연간 수익 금액이다.

문제에 대해 고객과 이야기하기

회사를 시작할 때 가장 많은 시간을 투자해야 하는 일을 꼽으라면 단연 고객, 즉 제품이나 서비스 사용자와의 대화이다. 회사의 발전을 위해서는 사용자와 대화하면서 문제를 깊이 파악해가는 것보다 더 많은 가르침을 주거나 훌륭한 역할을 할 수 있는 것이 없다. 사용자와 대화하는 것은 시작 과정에서의 중요한 부분으로, 오로지 이 주제만 다루는 책도 있다. 우리가 가장 좋아하는 책은 롭 피츠패트릭Rob Fitzpatrick이 쓴 《더 맘 테스트: 모든 사람이 당신에게 거짓말을 할 때 고객과 대화하고 당신의 사업이 좋은 아이디어인지 알아보는 방법 The Mom Test: How to talk to customers and learn if your business is a good idea when everyone is lying to you》이다.[4]

그렇다면 잠재적 고객과 대화하려면 어떻게 해야 할까? 다음의 세 가지를 명심하라.

- **당신의 생각이 아닌 그들의 삶에 대해 이야기하라.**

  사람들은 생각보다 친절해서, 당신의 말을 듣는 사람들은 당신을 지지하고 싶어 할 것이다. 이것은 당신이 준비하고 있는 사업이 좋은 아이디어인지 아닌지에 대한 편견 없는 지표를 찾고 있을 때 객관성 확보에 문제가 된다. 따라서 사람들에게 그들의 삶(특히 그들이 제기하는 문제, 그 문제가 당신이 집중할 만한 문제인지 아닌지)에 대해 묻는 것이 낫다. 당신의 아이디어에 대해서는 이야기하지 마라.

- **일반적인 것이나 미래에 대한 의견보다는 과거의 구체적인 내용을 물어보라.**

  사용자와 이야기할 때 염두에 두어야 할 핵심은 사용자의 의견이 아니라 사용자의 실제 행동을 이해해야 한다는 점이다. 의견은 가치가 없다. 누구나 "그런 걸 사용할 수도 있겠네." 혹은 "그래, 그건 가치 있는 거야." 식의 말을 할 수 있다. 그러나 실제 행동으로 그것이 사실임을 증명하지 않는 한, 의견은 신뢰할 수 없다. 당신이 찾아낸 문제가 충분히 고통스러운 것이라면 사람들은 그것을 해결하려고 이미 시도한 적이 있을 것이고, 그렇지 않다면 그것은 충분히 큰 문제가 아니기 때문에 과거에 무엇을 했는지가 중요하다.

- **덜 말하고 많이 들어라.**

  너무나 당연한 것이다. 당신의 목소리를 높이지 말고, 들어라.

중요한 점은 주변의 모든 사람(예를 들어 당신의 어머니)이 당신을 응원하면서 당신의 제품에 대해 진실한 이야기를 해주지 않을 때 올바른 통찰력을 발휘하는 것이다. 당신이 처음으로 이야기하는 사람들은 아마도 당신을 돕고 싶어 하고 최대한 지원을 아끼지 않으려 할 텐데, 이러한 태도가 가져오는 편견은 치명적일 수 있으며 잘못된 긍정의 연료로 당신을 움직일 수 있다.

당신이 아이디어에 더 많이 투자할수록 사용자의 문제를 이해하기보다는 사용자에게 당신의 목소리를 높이는 데 더 많은 시간을 할애할 가능성이 높아진다. 결과적으로 많은 창업자가 자신이 설계한 것이 가치 있다는 잘못된 확인을 받고 쓸데없는 일에 많은 시간과 에너지를 소비하게 된다. 이는 정말 고통스러운 일이다. 사용자 조사는 사용자 시험과는 완전히 다른 과정임을 기억하라. 사용자 시험에서는 실제로 사용자 앞에 제품을 놓고 탐색할 때 그들의 생각이나 느낌을 설명하게 한다(이에 대해서는 나중에 자세히 설명하겠다).

유의미한 개선(솔루션)

당신은 여전히 해결해야 할 문제를 찾는 데 집중하고 있을 수 있지만, 솔루션의 시작을 염두에 두고 있는 독자를 위해 이 항목과 다음 항목을 포함했다. 솔루션과 개선을 동시에 언급하는 이유는 그것이 반복적인 과정이기 때문이다. 잠재적인 문제와 잠재 고객을 식별한 후, 보다 완전한 솔루션 개발을 시작하고, 그리고 이 전체 과정을 반복하면서 솔루션과 시장의 초점을 확인하여 고객의 요구 사항에 맞게 가고 있는지를 들여다본다. 당신의 솔루션은 동일한 문제를 해결하는 기존 제품 또는 서비스를 유의미하게 개선한 것이어야 한다. 사람들이 기존의 솔루션을 바꾸도록 하려면 당신의 솔루션이 훨씬 더 좋아야 하기 때문이다.

세계적 문제, 지역적 솔루션

많은 사람들, 특히 청년들은 그들과 직접적으로 관련된 문제에 집중한다. 이로 인해 종종 범위가 제한되고 지역적 발현에만 초점을 맞춘 솔루션이 나오는데, 그것이 꼭 나쁜 것은 아니며 오히려 아주 유익할 수도 있다. 범위를 제한해서 초점을 맞추면 사람들이 좋아하는 것을 만들 가능성이 더 높아진다. 당신이 제한된 범위를 인식하고 문제의 세계적인 발현에 대비한 솔루션을 확장하는 방법을 적극적으로 고려하기만 하면 된다. 많은 사람들에게, 특히 일반적으로 기대치가 낮고 경험이 제한된 학생과 청년들에게 세계적 규모의 사고는 어려운 일이다. 이 책이 자신과 회사에 대한 기대치를 대담하게 가지고 세계적 규모의 사고를 시작하는 데 도움이 되기를 바란다.

대학생들이 학내에서 개최하는 행사 전반에 걸쳐 생기는 음식물 쓰레기 처리 관련 신규 기업을 설립하는 것을 예로 들어보자. 이것이 바로 우리가 토론토 대학교 첫 해에 함께 시작했던 일이다. 우리는 회사 이름을 **푸고**로 짓고 학내 행사와 교내 소규모 음식점에만 집중하는 것으로 시작했다. 그러나 이내 소규모 상점과 대화를 하며 음식물 쓰레기 처리가 지역 식료품점, 농장, 대규모 다국적 식료품 체인을 비롯해 식품 생산에서 유통, 소비에 이르는 공급망의 거의 모든 이해관계자가 느끼는 문제라는 것을 깨달았다. 이렇듯 우리가 처음으로 찾아낸 지역적 문제 뒤에는 세계적 문제가 있었다.

🎯 2단계: 문제를 더 명확하게 하기

B2B 대 B2C

잠재적인 문제를 찾을 때 당신은 개인이나 기업이 경험한 문제를 보게 된다. 어느 쪽을 다룰 것인지가 당신의 사업 모델을 결정하며, 그것은 B2B(Business to Business, 기업 간 거래) 또는 B2C(Business to Consumer, 기업·소비자 거래)가 될 것이다. 전자는 판매관리 소프트웨어, 클라우드 저장소 등과 같이 주로 다른 사업체에 제품이나 서비스를 판매하는 모든 사업을 일컫는다. 후자는 개별 소비자에게 판매하는 사업 유형이며 **애플**, **나이키**, **루이비통** 등과 같은 유명 업체들을 예로 들 수 있다. B2B 및 B2C 사업 모델 둘 다 장단섬이 있으니 각각을 이해하면 당신이 어떻게 사업에 집중할지를 결정하는 데 도움이 될 것이다.

기업 간 거래

B2B 및 B2C 사업을 더 자세히 설명한 후에 각각의 장단점을 보도록 하자. B2B 사업의 주요한 원동력은 고객과의 관계, 제품 기능, 고객 지원의 품질이다. 고객이 구매하는 주요 동기는 시장에서 경쟁적 혹은 전략적 우위를 점하거나 가치를 창출하기 위함이다. 특정 제품의 기능이 훨씬 다양해지기 때문

에 제품의 복잡성은 일반적으로 B2B 사업에서 더 높으며, 따라서 제품 가격도 더 높고 고객의 요구에 더 많이 맞춰진다. 시장 규모는 B2C에 비해 훨씬 더 좁으며 틈새시장이다. B2B 사업의 경우 영업 과정이 오래 걸리지만 그만큼 사업체와 고객의 관계가 오래 지속되므로 영업 및 판매는 고객과의 관계를 형성하는 것에 중점을 둔다.

기업·소비자 거래

B2C 사업 성공의 주요 원동력은 제품의 기능과 브랜드의 매력이다. 고객이 구매하는 주요 동기는 지위, 개인적 만족, 정서적 애착, 필요, 경제성, 유용성과 관련이 있다. B2C 사업의 경우 제품의 복잡성과 가격이 B2B보다 상대적으로 낮다. 시장 규모는 훨씬 더 크고 사업체와 고객의 관계 및 그에 따른 판매 과정이 훨씬 짧기 때문에 영업 및 판매는 거래 가치의 극대화에 중점을 둔다.

B2C 사업은 더 역동적이며 선호도가 지속적으로 진화하는 변덕스러운 고객을 대상으로 한다. B2C 고객의 역동성은 새로운 기술 개발을 주도하며, 따라서 사업이 더 빠르게 진행된다. B2C 제품 시장은 일반적으로 훨씬 더 크지만 소비자당 잠재 수익은 훨씬 낮다. 판매 및 마케팅은 개별 소비자의 가치와 감정 상태에 크게 중점을 두므로 B2B 사업보다 B2C에서 더욱 중요하다.

회사가 B2B나 B2C 하나의 형태일 필요는 없다. 두 가지 측면을 결합하는 다양한 방법이 있는데, 예를 들어 **로레알**이나 **펩시**와 같이 소비자 포장 제품(신속하고 비교적 저렴한 가격에 판매되는 제품)을 판매하는 대부분의 회사는 B2B2C 사업 모델을 따른다. 제품을 다른 사업체에 판매하면, 그 사업체가 개별 소비자에게 다시 판매하는 책임을 지는 형태이다. **아마존**과 같은 회사는 소비자가 아마존 플랫폼을 통해 다른 소비자에게 직접 판매하는 C2C(소비자 간 거래)와 같이 다른 모델을 사용하기도 한다. 여기서 중요한 점은 회사를 설계하는 유일한 방법까지는 아니지만 가장 일반적인 모델인 B2B 및 B2C의 기본 특성을 이해하면 초기 목표 시장 또는 고객군을 더 잘 선택할 수 있다는 것이다.

시장 세분화

집중해야 할 문제를 찾은 후에는 시장 세분화라고 부르는 작업을 수행하는 것이 유용하다. 이를 통해 당신이 초점을 맞춘 특정 문제로 고통 받는 고객을 더 잘 이해하고, 사업 모델과 고객 유형을 실정할 기반을 만들 수 있다. 또한 사업체를 세우고 보조금, 창업 지원 및 창업 촉진금을 신청하고, 자금을 모으는 데 필요한 다양한 서류의 기초도 만들 수 있다.

B2C 사업체는 지리, 인구 통계, 심리적 요인 또는 소비자

행동을 기반으로 고객을 분할하는 세분화에만 관심을 가진다. 반면 B2B 사업을 위한 시장 세분화는 특정 경제 부문을 여러 산업의 집합으로 구분하는 과정을 수반하는데, 그 산업들이 여러 시장 영역을 구성한다. 모든 국가의 경제는 해당 국가 경제의 거의 모든 사업 활동을 넓게 분류한 여러 부문으로 구성된다. 예를 들어 미국 경제는 광업, 금융 및 보험, 부동산, 임대 및 리스, 제조업, 도매업, 소매업, 교통, 정보, 기업 및 기업 관리, 전기와 수도, 건설, 운영, 지원, 폐기물 관리 및 개선 서비스, 교육 서비스, 건강 관리 및 사회 지원, 예술, 오락 및 레크리에이션, 숙박과 음식 서비스, 기타 서비스(공공행정 제외) 전문직군, 과학 및 기술 서비스와[5] 같은 부문으로 나뉜다. 다른 국가에는 이와 별도의 경제 부문이 있을 수 있지만, 대부분의 국가에서 그 수가 많지는 않을 것이다.

산업 세분화

조사를 시작할 시장을 선택한 후에는 특정 산업을 선택하여 범위를 더 좁혀야 한다. 각 산업의 집합이 시장 부문이 되는데, 이는 비슷한 선호도를 가진 고객들의 범주이다. 예를 들어 정보 부문을 선택한다면 통신, 출판, 데이터 처리 등의 산업을 찾을 수 있다.

일단 특정 산업을 선택했다면, 그것을 어떻게 세분화할지를 생각해야 한다. 산업을 부분으로 분류하는 방법은 조사 중인 특정 문제와 해당 문제에 대한 솔루션이 무엇이냐에 따라 달라진다.

🎯 3단계: 고객 정체성

이전 단계에서는 당신의 잠재적 고객이 누구인지, 이들이 직면한 주요 문제가 무엇인지를 더 잘 이해하기 위해 다양한 시장 부문을 분류했다. 이제부터는 고객 정체성, 즉 이상적인 고객의 원형을 개발하여 고객의 요구 사항과 그것을 충족할 수 있는 방법을 설명한다. 이 단계는 고객의 범위를 더욱 좁히고 실제 고객의 평가를 기반으로 문제의 초점을 반복해서 개선하기 위해 중요하다. 다시 말해서, 당신은 실제 생활에서 대상 고객을 통해 확인된 고객 정체성을 파악할 수 있어야 한다. 블로그 또는 웹사이트 읽기, 해당 산업 전문가들이 질의응답과 토론하는 영상물 시청, 산업 전문가와 이러한 질문에 대해 논의하는 차담회를 하거나 통화하기, 링크드인에서 전문가를 찾아 궁금한 내용 한두 개를 이메일 또는 메시지로 보내기 등 다양한 방법으로 고객 정체성을 확인할 수 있다. 당신이 선택한 산업 분야를 연구하는 학자와 만나 목표 고객의 필요에 대한 견해를 들어보는 것 또한 방법이다. 어떤 방식을 취하든 당신이 B2B 사업을 할 계획이라면 여러 회사의 다양한 직책에 있는 이해관계자의 의견을 폭넓게 수집해야 한다. B2C 사업을 계획하고 있다면 제품이나 서비스를 가장 구매하고 싶을 거라 생각하는 소비자와 직접 이야기하는 것이 가장 좋다.

대상 고객에게 연락하기 전에는 다음 질문을 검토하고 답변을 작성해야 한다.

1 고객은 웹상에서 주로 어떤 것을 하며 시간을 보내는가? (이는 고객에게 도달할 플랫폼과 접근 방법을 이해하는 데 중요하다.)
2 고객은 당신이 다루고자 하는 문제를 해결하는 데 도움이 되는 제품이나 서비스를 현재 사용하고 있는가?
3 당신이 선택한 문제가 고객에게 시급한 것이라는 신호는 무엇인가?

회사를 시작할 때 고객에 대해 가정만 하는 것은 좋은 방법이 아니다. 대상 고객과 직접 접촉할 필요가 있다. 배운 것을 활용하여 세워 놓은 가정을 확인할 수 있을 때까지 일주일에 한두 번 고객과 만나는 것을 목표로 삼아야 한다. 현실적으로 이 과정은 끝이 없고, 잠재적 고객을 만날 때마다 그들의 요구 사항을 더 잘 이해하고 충족할 수 있도록 솔루션을 조정해야 한다. 이 단계에서 우리는 다음 단계로 이동하기 전에 적어도 다섯 개의 개별적인 고객 접촉 경로를 갖출 것을 추천하지만, 장기적으로 그 수는 계속해서 늘어야 한다.

🎯 깨달음의 순간

일반적으로 이런 책에서는 '깨닫는' 순간에 대한 이야기가 '시작하기'에 대한 내용보다 먼저 나온다. 반짝이는 아이디어 없이 일단 시작하라는 것은 상당히 불합리하게 들린다는 점에서 꽤 직관적인 순서처럼 보인다. 하지만 밝혀진 바와 같이, 그러한 방식으로 시작한 사업 48퍼센트가 실패한다.[6] 진정한 깨달음의 순간은 당신이 잠재적 고객의 문제를 찾아낸 후에야 온다. 사실, 그것은 깨달음의 순간이라기보다 당신 자신의 독창성과 고객의 요구에 대한 주의 깊은 분석이 결합한 순간이다. 이 책을 읽는 대부분의 사람들에게는 아이디어가 있고 그 아이디어를 기반으로 사업체를 세우는 방법을 알고 싶어 책을 읽고 있을 것이다. 잘못된 생각은 아니다. 아이디어만 가지고 시작한다고 해서 무조건 실패하는 것은 아니니까. 다만, 당신이 거듭된 조사와 고객과의 상호 작용을 기반으로 솔루션을 변경하거나 수정하는 일을 거부한다면 무조건 실패할 것이다. 사실 우리가 요약한 것처럼, 일을 진행하기 전에는 먼저 평가할 산업 부문을 선택해야 한다. 특정 문제를 해결하는 방법에 대한 아이디어가 있다면, 당신이 거친 조사 과정을 그 솔루션에 반영할 경우 어느 산업에 집중하는 것이 좋을지 범위를 좁히는 출발점이 될 수 있다. 조사 과정을 솔루션에 반영하지 않는 반대의 경우는 논외이다.

시작하기 전에 깨달음의 순간, 창의성 및 혁신과 관련한 몇 가지 오해를 살펴보자. 반짝이는 아이디어를 떠올릴 가능성을 높이는 것도 훈련이 가능하다. 많은 학자가 창의성의 심리학과 그것을 발전시키는 방법을 연구하는 데 일생을 바쳤다. 일반적으로 창의적 상상력에는 두 단계가 있다. 첫 번째는 '발산적 사고' 또는 다양한 아이디어를 생각하는 능력으로, 모두 중심 주제나 문제와 관련이 있다.[7] 발산적 사고는 빠르고 자동적인 직관적 사고에 의해 주도되는 경향이 있다. 두 번째 단계는 '수렴적 사고'로, 발산적 사고를 통해 생성된 아이디어의 유용성을 중심 주제나 문제의 맥락 속에서 평가하는 데 이용된다. 수렴적 사고는 더 의식적이고 분석적인 사고에 의해 주도되며, 이는 느리고 신중하며 올바른 아이디어의 선택을 용이하게 한다. 연구에 따르면 여럿 가운데 올바른 아이디어를 선택하는 것은 노출과 경험을 통해 향상된다. 현장 경험이 많을수록 직관적으로 생성된 아이디어 중에서 더 나은 선택을 할 수 있다. 다소 즉흥적으로 보이기도 하는데, 특정 분야에 경험이 있는 경우 오류가 있는 아이디어를 선택할

가능성이 적다.[8]

이 논의에서 아마도 더 흥미롭고 유용할 부분은 다른 두 가지 개념을 연결함으로써 새로운 아이디어가 나온다는 것을 보여주는 연구이다.[9] 사회는 종종 천재성을 개인이 가진 아이디어의 명백한 '비직관성'과 연관시켜 왔다. 천재성은 다른 사람들은 연결하려고 생각하지도 못한 두 가지 이상의 개념을 연결하는 능력이라는 것이다. 이것은 오류가 있는 설명이다. 연구에 따르면 누구나 직관적으로 둘 이상의 개념 사이의 차이는 어느 정도 교차할 수 있다. 대신, 두 개 이상의 개념 사이에서 연결성을 식별하거나 생성하는 능력은 그 사람의 정신이 해당 두 개념을 얼마나 가깝게 인식하는지에 달려 있다. 그 밀접함은 뇌의 고유한 구조와, 그 사람의 두뇌가 과거에 이 두 개념을 어떻게 연관시켰는지에 따라 달라진다. 따라서 어떤 사람에게는 천재적인 일처럼 보이는 것이 다른 경험, 관점을 가지고 다르게 교육 받은 사람에게는 사실 약간의 직관적인 도약일 뿐이다.

호기심을 길러라

창의성이 경험과 인식의 다양성에 더 의존한다는 이 개념은 유용한 통찰력을 제공한다. 끊임없는 탐구, 다양한 경험의 배양, 여러 관점을 두루 살피는 연습으로 개념적 연결을 촉진할 수 있다는 것이다. 간단히 말해서, 지적인 것이든 아니든 당신의 경험이 다양할수록 다른 사람들은 그리 쉽게 얻을 수 없는 결론에 더 많이 도달할 수 있다. 우리는 앞서 '아무도 묻지 않은 질문을 하기 시작하면 다른 사람이 얻지 못할 답을 얻을 것'이라는 말을 했다. 여기에 요약된 연구로 이 주장에 대한 증거를 덧붙인 셈이다. 결국 창의성이라는 주제에 대한 우리의 첫 번째 권고는 사실상 이전에 했던 것과 동일하다. 끝없는 호기심을 키우라. 그리고 이유를 반복해서 물어보라.

문제를 찾아라

우리가 발견한 이 두 번째 방법은 특히 효과적이다. 다른 분야에서 일하는 사람, 혹은 다른 분야를 공부하는 사람, 아니면 어떤 방식으로든 당신과 현저하게 다른 이들과 대화하며 그들의 문제가 무엇인지를 물어보라. 일을 할 때, 여가를 보낼 때, 혹은 그 외의 시간에 그들이 매일같이 겪는 고통이 무엇인지 물어보라. 기업가로서 당신은 문제를 해결하는 사업에 종사하지만 결코 모든 문제를 생각하거나 알 수는 없다(기업가가 아닌 한 인간으로서는 다행한 일이다). 새로운 문제를 발견할 때마다 혁신의 기회가 제공된다. 당신의 독특한 관점을 불러내고 활용하여 다른 사람의 고통을 줄일 수 있다.

이런 연습에는 세 가지 주요 이점이 있다. 첫째, 다른 사람의 관심사와 문제를 진지하게 생각하는 사람으로 자신을 어필할 수 있다. 둘째, 사람들이 어떤 종류의 문제를 우선적으로 떠올리는지 더 잘 이해할 수 있다. 사람들의 선택 편향으로 인해 그들에게 가장 영향을 미치는 문제만을 골라 들을 수 있을 것이다. 셋째, 심리적으로 진정성과 취약성을 드러내도록 촉진한다. 이는 상호 유익한 관계를 더 길게 유지하는 열쇠이다.

여기까지 단 하나 얻어가야 할 것이 있다면, 그것은 '호기심을 가져라, 그리고 그것을 유지하라'는 부분이다.

성찰하라

"인류의 모든 문제는 혼자 방에 조용히 앉아 있지 못하는 인간의 무능력에서 비롯된다."

블레즈 파스칼Blaise Pascal

기업가로서 가장 먼저 깨닫는 것 중 하나는 시간을 투입할 일이 너무나 많다는 사실이다. 이럴 때 핵심은 가장 중요하고 실제로 앞으로 나아가는 데 기여할 임무를 구분하는 것인데, 특히 성찰의 시간은 빼놓지 말아야 한다. 퀸이 **오팀**, **아젤라**, 그 밖에 그가 관여한 회사에서 일하면서 얻은 거의 모든 혁신은 자기 주변에서 일어나는 모든 일에 대해 숙고할 시간을 따로 마련했을 때 이루어졌다. 시간을 지정하고 명시적으로 달력에 기록하는 것, 그리고 매일 15~20분 동안 앉아서 생각하고 그것을 적는 일은 우리가 지금까지 경력을 쌓아오는 동안에 형성한 가장 가치 있는 습관이다.

독서하라

성찰에 이어 회사 운영과 별도로 해야 할 중요한 일은 독서이다. 기업가로서 당신은 당신이 믿는 것과 왜 그것을 믿는지를 끊임없이 재평가해야 한다. 당신이 하는 모든 가정은 비판적으로 평가되고 시험되어야 하며, 때로는 주변 사람들로부터 당신이 틀렸다는 말을 듣기도 한다. 독서는 놀랍도록 다양한 시각을 접할 기회이고, 공감 능력과 창의성을 고취하며 비판적 사고 능력을 확장한다. 픽션이든 논픽션이든 독서에서 얻을 수 있는 방대한 지식은 당신을 훨씬 뛰어난 기업가, 그리고 더 훌륭한 인간으로 만들 것이다. 퀸은 자신이 전혀 모르는 주제나 지식 분야에 대해 한 달에 한 권 이상의 책을 읽으려고 노력한다. 많은 경우 거기에서 얻은 정보는 그가 회사를 운영하는 방식에 아주 중요하지는 않더라도 유용한 역할을 해왔다. 널리 알려진 지도자, 학자 또는 기업가가 하나같이 책을 많이 읽는 데는 이유가 있다. 그렇게 하지 않으면 그들이 매일 내리는 중요한 결정에 필요한 정보가 제한되기 때문이다.

🎯 합의되지 않은 믿음

솔루션을 찾아낼 때 가장 먼저 자문해야 할 것은 당신이 제안하는 솔루션이 아직 만들어지지 않은 이유이다. 당신이 해결하고자 하는 문제가 충분히 고통스럽고 세계의 시장 규모가 방대하다면 다른 누군가가 이전에 비슷한 생각을 했을 텐데, 막상 그것을 실행하지는 않은 어떤 이유가 있을 것이다.

자본이 풍부하고, 더 영리하고, 경험도 풍부하며 다방면으로 연결되어 있는 기업은 항상 존재한다. **페이스북, 구글, 마이크로소프트, 애플**과 같은 거대 기업과 경쟁하는 것은 말도 안 되게 어렵고, 그럼에도 성공한다는 것은 당신에게 그들과 공유하지 않는 세상에 대한 독특한 통찰이나 믿음이 있다는 뜻이다. 만일 거대 기업들이 그런 것을 이미 알았다면 그들은 훨씬 더 빨리 당신이 만들고자 하는 것을 출시했을 것이다.

아이디어에 대해 생각하는 방법을 간단히 아래 표로 보자. 아이디어는 성공 또는 실패와 합의 또는 비합의로 분류할 수

표3.1 당신의 아이디어는 얼마나 좋은가?

	합의	비합의
성공적	어느 정도의 이득	대단한 이득
비성공적	모든 것의 상실	모든 것의 상실

있다. 아이디어의 성공 여부는 당연히, 현실이 될 때까지는 알수 없으므로 현재의 초점은 합의와 비합의 아이디어를 구별하는 데 있다. 합의된 아이디어는 나머지 세계와 공유하는 것이며 분명 훌륭하고, 세상이 어떻게 작동하는지에 대한 폭넓은 믿음과 궤도를 같이 한다.

합의되지 않은 아이디어는 대부분의 사람들이 우스꽝스럽거나 불가능하다고 생각하는 아이디어이다. 유명한 창업 지원 회사인 **Y 콤비네이터**의 공동설립자 폴 그레이엄Paul Graham[10]은 오랫동안, 최고의 아이디어는 처음 나왔을 때에는 종종 가장 어리석게 들린다고 주장해왔다. 결과적으로는 그래서 그 아이디어가 대성공을 거둔 것이지만 말이다(물론 단순히 나쁜 아이디어도 많이 있다. 그래서 투자가 어렵다).[11] 어쨌거나 합의되지 않은 아이디어라는 이유로 많은 스타트업은 첫 번째 동의를 얻어내기까지 투자 기관들로부터 수십 건(때로는 수백 건)의 거부를 당한다.[12]

당신이 제안하는 솔루션이 아직 실현되지 않은 이유를 이해하는 것은 여러 가지 면에서 매우 중요한 연습이다. 첫째, 당신의 사업에 있을지 모를 위험을 줄이기 위해 무엇을 확인해야 하는지 알아가는 데 도움이 된다(이는 당신과 당신에게 투자할 가능성이 있는 이들 모두에게 중요하다). 둘째, 이 연습을 통해 거절을 더 쉽게 받아들이고 마음에서 떨쳐낼 수 있다. 모든 사람이 당신이 하는 일의 가치를 알아보고 동의했다면 그것은 이미 이루어졌을 것이다.

당신이 시작할 사업과 관련하여 합의되지 않은 믿음을 구분한 다음, 이를 신속하고 적은 비용으로 시험할 방법을 개발해야 한다. 이러한 믿음이 정확하며 잘못된 것이 아니라는 증거를 수집하는 것은 향후 회사의 성공에 매우 중요하며 성공적인 창업자와 실패한 창업자를 구분하는 핵심 요소 중 하나이다. 성공하지 못한 창업자들은 종종 합의되지 않은 믿음을 그대로 사실로 여기고 추가 검증을 하지 않은 채 솔루션 설계를 시작한다. 대신에 그들은 자신의 믿음을 확신하기 위해 허영에 찬 표현을 수집한다(사람들은 정말로 그런 일에 능한데, 이것을 확증 편향이라고 부른다).

기발한 아이디어라고 해서 모두 합의되지 않은 채 머물러 있는 것은 아니다. 이전에는 불가능했던 당신의 솔루션을 처음으로 가능하게 만들어줄 사회의 변화된 외적 요인이 있을 수 있다. 그것은 새로운 플랫폼이나 기술의 창조(아이폰과 스마트폰 앱의 탄생을 생각해 보라)일 수도 있고, 관련 법규의 변화일 수도 있다. 단, 어떤 경우라도 '왜 지금인가'에 대한 강력한 근거는 있어야 한다. 당신이 세운 솔루션에 가장 기본적인 부분이 합의되지 않은 채로 남아있는 것만 아니라면, 이제 사업은 속도와 실행의 문제이다. 그리고 다행히도 스타트업이 가진 몇 안 되는 주요 이점들 중 하나는 거대 경쟁업체에 비해 훨씬 더 빠르게 움직일 수 있다는 것이다.

1 Desjardins, J (2019) How much data is generated each day? World Economic Forum, https://www.weforum.org/agenda/ 2019/04/how-much-data-is-generated-each-day-cf4bddf29f/ (archived at https://perma.cc/3REU-3QQ4)

2 There's an App for That, trademark details, https://trademarks. justia.com/779/80/there-s-an-app-for-77980556.html (archived at https://perma.cc/3K6S-SNU7)

3 Le Brouster, G (2018) TAM SAM SOM – what it means and why it matters, The Business Plan Shop, https://www. thebusinessplanshop.com/blog/en/entry/tam_sam_som (archived at https://perma.cc/F9ES-4MAA)

4 Fitzpatrick, R (2019) The Mom Test: How to talk to customers and learn if your business is a good idea when everyone is lying to you, CreateSpace

5 Economic Census Tables (2020) https://www.census.gov/ programs-surveys/economic-census/data/tables.html (archived at https://perma.cc/8NGF-HR34)

6 CBInsights (2021) Why Startups Fail: Top 20 Reasons, https:// www.cbinsights.com/research/startup-failure-reasons-top/ (archived at https://perma.cc/3C5N-QGYE)

7 Kahneman, D (2015) Thinking, Fast and Slow, Farrar, Straus and Giroux, New York

8 van Mulukom, V (2019) The secret to creativity – according to science, The Conversation, http://theconversation.com/ the-secret-to-creativity-according-to-science-89592 (archived at https://perma.cc/ST4T-VAEK)

9 Boden, M (1995) Creativity and Unpredictability, Stanford Humanities Review, 4 (2), https:// dl.acm.org/doi/abs/10.5555/ 212154.212171 (archived at https://perma.cc/R7PC-E745)

10 Graham, P (2013) Do things that don't scale, http:// paulgraham.com/ds.html (archived at https://perma.cc/52T7- 433S)

11 Lapowsky, I (2013) Paul Graham on building companies for fast growth, Inc, https://www. inc.com/magazine/201309/issie-lapowsky/how-paul-graham-became-successful.html (archived at https://perma.cc/K7C8-4L9K)

12 Allen, R (2017) 173 rejections while fundraising and we were considered successful, Medium, https://robbieallen.medium. com/175-rejections-while-fundraising-and-we-were-considered-successful-85eebe97fd65 (archived at https:// perma.cc/952X-WATK)

4장

실패의 흔한 원인

　사업을 시작할 때는 흔히 이런저런 실수를 저지르게 마련이다. 여기에 제시된 실수들은 극히 일부에 불과한데, 우리가 생각하기에 사업의 존폐에 가장 큰 위험을 초래할 수 있는 것들이다. 우리는 실제 벌어지는 실수와 개념적인 실수 모두를 논의할 텐데, '비책'을 제공하거나, 이러한 오류를 피하면 당신의 성공이 보장된다는 확신을 주려는 것이 아니다. 이제부터 말할 실수를 피하는 것이 반드시 어려운 일은 아니지만, 실수를 피하려 하기 보다는 그것이 어디에서, 왜 발생하는지를 인식하고 이를 방지하기 위한 접근법을 비판적으로 평가하는 데 더욱 주목하기 바란다. 당신은 스스로의 행동 또한

'정직하게' 비판적으로 평가해야 한다. 자신을 정직하게 평가하는 것은 당연히 힘들다. 그러나 이 장의 내용이 조금이라도 도움이 되기 위해서는, 기꺼이 자신의 결점을 인식하고 가능한 한 빨리 적극적으로 개선해야 한다.

모든 인간은, 특히 스스로 기업가라고 칭하기 좋아하는 사람들은 자기기만에 빠지기 쉬우며 스타트업을 운영할 때에는 특히나 더 그렇다. 회사가 거듭해서 무너질 위기에 처하거나 사업을 지속할 동기를 찾으려고 할 때 기업가는 그저 맹목적으로 '하지 않으면 끝장이다.'라는 뻔한 생각이나 '세상은 나를 이해하지 못해. 하지만 두고 보라지.' 식의 관점에 의지하는 경향이 있다. 역설적으로 이러한 사고방식은 스타트업의 세계에서 가장 큰 성공과 가장 큰 실패 모두를 만들어냈다. 자신을 올바로 인식하는 것은 필수적이다. 이 정도로 창업 윤리 강의는 충분할 것 같고, 이제 실수 이야기를 시작하자.

◎ 첫 번째 실수: 완고함

퀸은 대학 2학년 때 한 스타트업에서 최고경영자와 함께 일했는데, 그 경영자는 회사의 제품이 별로 필요하지 않다는 고객 평가에도 불구하고 자신이 지닌 제품에 대한 고집을 포기할 수 없었다. 그에게는 놀라운 팀과 상당한 자금이 있었고, 평소에는 대체로 열린 마음의 소유자였지만, 제품의 비전을 변경하거나 조정하는 것을 '포기'라고 생각했다. 문제의 제품은 앱 내 의사소통과 파일 관리를 위해 파일 끌어다 놓기 기능을 제공하는 것을 목표로 하는, 휴대용 전자기기에서 주로 쓰일 앱이었다. 이 앱은 슬랙과 구글 드라이브를 결합한 것으로 생각할 수 있는데, 직장인이 아닌 학생들을 대상으로 한 것이었다. 기술은 인상적이었지만 최고경영자는 제품을 앱이 아닌 하나의 운영 체제로 볼 것을 거듭 주장했다. 이에 대한 반복적인 반대와 초기에는 좀 더 실현 가능한 단계로 실제 효과적인 사용자 경험을 제공하는 것에 집중하라는 조언에도 불구하고, 그는 앱 내 운영 체제를 더 많이 구축하기 위해 추가 기능에 지속적으로 투자했다. 결국 학생들은 '복잡한 사용 경험'과 '불편한 사용자 인터페이스'라는 평가를 내리며 앱을 사용하지 않았고, 회사는 이로 인해 추가 자금을 조달하지 못하고 자금이 고갈되었다. 그리고 결과적으로 그의 창업은 실패로 끝났다.

그 최고경영자는 사용자들이 스스로 뭘 필요로 하는지도 모르고 있다가 자신이 직접 시연하고 나서야 깨닫더라고 끊임없이 주장했다. 그는 틀렸다. 2장과 3장에서 이런 실수를 피하는 방법에 대해 이미 자세히 설명한 바 있다.

문제의 최고경영자에게 이것은 아마도 가장 저지르기 쉽고 가장 피하기 어려운 실수였을 것이다. 자신과 자신이 구축하고 있는 것에 충분한 믿음을 갖는 것과, 비판과 사용자 평가를 수용하는 것 사이에서 균형을 잡기란 정말로 어렵다. 솔루션은 잠재적 사용자에게 올바른 질문을 하고 있는지를 확인하는 것이다. 이것은 많은 연습을 필요로 하고 우리 대부분은, 특히 창업자들은 이에 상당히 서투르다. 우리는 편견이 없거나 특정한 응답을 유도하지 않는 질문을 하기 위해 정답에 세심하게 신경을 쓴다. 이 주제는 5장에서 한층 깊이 있게 다룰 것이다.

◎ 두 번째 실수: 열정 신화

두 번째 큰 실수는 사업을 시작하기도 전에 종종 발생한다. 이 잘못된 특성 부여로 인해 많은 사람들이 기업 활동을 선택했다가 결국엔 떠나간다. 우리는 그것을 열정 신화라고 부를 것이다.

아마존에서 검색하면 '열정'이라는 주제로 1,300권 이상의 사업 관련 책이 쏟아진다. 이유는 굳이 설명할 필요도 없다. 우리가 지금까지 논한 내용을 고려할 때 이쯤에서 '열정을 따르라. 그러면 모든 것이 잘될 것이다'라는 선동적인 주장에 우리가 동의하지 않는다는 점은 분명하다. 어떤 일에든 당신이 정말로 좋아하는 측면과 싫어하는 측면이 공존한다. 요점은 어떤 일이 지속적으로 열정을 불러일으켜야만 한다거나 그럴 수 있다는 생각은 잘못이라는 것이다. 사업을 시작하는 일도 다르지 않다. 매우 흥미로운 아이러니인데, '열정'이라는 단어 'passion'은 '고통'을 의미하는 라틴어 어근 'pati-'에서 파생되었다. 원래의 용법에서 '열정'은 개인이 특정 방식으로 행동하고 고통을 겪도록 하는 외부로부터의 압력을 의미한다. 예를 들어 '그리스도의 수난'과 같이 종종 종교적 의미에서 그렇다. 다만 기업가 정신은 고통이라는 뜻보다는 일반적으로 열정이라고 말할 때의 뜻에 훨씬 가깝다.

위에서 말한 고통에서 환희로의 역설적인 해석의 전환과는 별도로, 우리는 '열정'이 당신의 경력에 대한 포부를 규정한다는 관념에 두 가지 큰 불만을 가지고 있다. 첫째, 특정한 일이 개인에게 행복감을 주지 않는다면 추구할 가치가 없다는 생각에 본질적으로 문제가 있다. 어떤 경력이 열정을 이끌어낼 수 있는지는 종종 우리 사회가 그것을 다루는 방식에 좌지우지된다. 투자 은행과 같은 직종은 부, 행복, 영화 〈더 울프 오브 월스트리트The Wolf of Wall Street〉에서 그려진 방탕한 삶 따위의 예시와 함께 장밋빛으로 설명되는 반면, 교직과 같은 다른 직종은 바쁘게 돌아가는 사회의 흐름 속에서 거의 주목을 받지 못하고 있다. 즉 주어진 역할이 열정을 불러일으킬 수 있는지가 특정 직업 자체의 장점보다는 문화적인 분위기로 결정되는 경우가 많다는 것이다. 둘째, 일을 할 때 오는 만족감은 종종 미묘한 부분, 하나씩 쌓아온 일상의 작은 순간에서 찾을 수 있다. 기업가로 활동할 때 이런 생각은 특히 중요한데, 미래에 언젠가는 보상이 있을 것이라는 희망(보증은 아니다)만 바라보고 일하자면 많은 희생과 스트레스가 미리 요구되기 때문이다. 성공은 일을 가치 있게 만드는 순간을 매일 찾아내는 데 달려 있다는 진리를 발견할 수 있을 때까지 꾸준히 노력하라.

🎯 세 번째 실수: 수요 조사 실패

앞에서 대략적으로 다루었지만 반복할 필요가 있는 부분이다. '당신이 알고 있는 고객들을 위해 만들라.' **CB 인사이츠**라는 회사에서 100개 이상 스타트업의 실패를 분석한 결과, 가장 큰 이유는 시장 수요가 없었던 것인데 그 비율이 전체의 42퍼센트를 차지했다.[1] 또한 스타트업의 17퍼센트는 사용자 친화적이지 않은 제품을 만들었기 때문에 실패했고, 14퍼센트는 고객을 무시했기 때문에 실패했다. 사업의 시작에 관해 논했던 이전 장은 예비 창업자인 당신을 주저하게 만들었을 수도 있는데, 그건 아마도 당신이 솔루션을 확정하기도 전에 너무 많은 과정이 필요하다고 느꼈기 때문일 것이다. 하지만 그것이 우리의 의도였다. 훌륭한 아이디어를 만들고 실행 가능성을 검증하려면 시간과 노력이 필요하다. 흥미롭거나 재미있지는 않겠지만, 이 과정의 실행은 당신의 회사가 절반이 넘는 다른 스타트업과 같은 이유로 실패하는 일은 없을 것임을 의미한다. 그러니 수고할 가치가 있는 과정이다.

🎯 네 번째 실수: 팀 구성

기업이 실패하는 가장 흔한 이유가 시장의 요구 사항을 충족하지 않았기 때문이라면, 두 번째로 흔한 이유는 팀 구성이 좋지 않기 때문이다. 이 실수에 대해서는 7장에서 훨씬 더 자세히 다루겠지만 여기서도 간단히 언급하겠다. 스타트업의 실패에 관한 **CB 인사이츠**의 보고서에 따르면 모든 실패의 23퍼센트는 팀 구성이 좋지 않은 것이 원인이었다. 사실 팀 구성은 대단히 중요해서 많은 창업투자 회사와 여타 투자자들은 회사의 초기 단계에(초기 자금 조달 또는 초기 자금 조달 이전 단계. 12장에서 자세히 설명한다.) 이루어지는 투자 결정은 아이디어 자체보다 팀의 수준에 더 의존한다고 말하곤 한다. 모든 스타트업의 73퍼센트가 시장 진입 후 한 번은 집중하는 지점을 변경한다. 이는 초기 고객이 예상처럼 사업의 지지자가 되지 않았기 때문에 목표가 될 고객군을 변경했음을 의미한다. 스타트업의 4분의 3이 어느 시점에선가 이처럼 변화를 거친다면, 투자 대상 기업의 사업 아이디어도 극적으로 바뀔 가능성이 있기 때문에 초기 투자자들이 사업 아이디어에만 과도하게 집중하는 것은 어리석은 일이다. 따라서 투자자들은 끊임없이 변화하는 스타트업을 관리할 수 있을 만큼 유연하고 유능하다고 생각하는 팀, 모든 일이 예기치 않게 진행될 때에도 계속 운영을 이끌어 나갈 기술을 갖춘 팀을 찾는다.

그렇다면 어떻게 팀을 구성하고, 어떤 식으로 구성하지 말아야 하는가? 첫째, 힘든 일을 재미있게 만들거나 최소한 견딜 수 있게 하는 방법을 찾아야 한다. 힘든 일이 셀 수도 없이 많기 때문이다. 팀이 편안한 환경에서 서로 대화하고 업무 외적으로 서로를 알아갈 수 있는 비공식 모임을 고려할 수 있다. 둘째, 당신이 맞는지 틀렸는지 알려줄 사람이 필요하다. 인생에서도 당신의 책임을 물을 수 있고 당신의 말에 무조건적으로 동의하지 않는 사람을 주변에 두어야 하지만, 특히 회사를 설립할 때 그런 사람들이 필요하다. 당신의 팀이 일관되게 당신의 생각에서 드러나는 결함을 지적하도록 격려하라. 그들이 진정으로 이의를 제기할 것이 없을 때 이것은 모든 이가 동참한다는 확인의 의미가 된다. 셋째, 당신은 혼자 모든 것을 할 수는 없으며 초기에 성공하려면 자신이 아닌 다른 이들의 기술이 필요하다. 재학 중이라면 자신과 배경이나 기술이 다른 사람들을 만날 수 있는 완벽한 기회이다. 이렇게 다양한 인재들의 구성에 언제 다시 접근하겠는가? 소프트웨어 및 기술 중심의 스타트업은 이제 소프트웨어 개발자를 돈보다 더 가치 있게 여긴다. 대학이나 학교에서의 경험을 통해 개발자와 기술적으로 유능한 팀원을 얻을 수 있다면, 회사의 성패는 거기에 달렸다.

🎯 다섯 번째 실수: 집중력 상실

사업을 시작하면 초기부터 가능한 한 많은 고객에게 접근하고 싶어 조바심이 난다. B2B이든 B2C이든 둘의 조합이든 다 마찬가지이다. 고객이 많다는 것은 물론 매력적이다. 당신의 제품이 많은 고객과 같은 궤도에 있거나 더 많은 이들에게 가치를 제공할수록 그만큼 잠재 구매자가 있을 수 있다. 그러나 불행히도, 보통은 (항상) 이렇게 진행되지 않는다. 초기에 틈새시장에 집중하면 해당 고객군의 요구 사항에 제품이나 서비스를 집중할 수 있어 시장에 잘 맞는 제품이 나오고 회사 입장에서는 조기에 견인력을 얻을 수 있는 능력이 크게 향상된다. 후에 사세 확장을 하려면 시장의 구성과 더 큰 고객층의 수요를 이해하는 것도 중요하지만, 스타트업이 성급하게 확장을 추진하면 고객에게 적합한 제품을 제공할 능력을 잃어 결과적으로 성장이 제한된다. 따라서 해결해야 하는 좋은 문제를 선택하기만 한다면(2장 참고), 초기의 성공으로 안정적인 견인력을 얻고 난 뒤에도 확장의 여지가 충분할 것이다. 이것이 바로 올바른 문제를 선택해 집중하는 것이 정말로 중요한 이유이다. 실제 경험해보면 말처럼 쉽지 않은 일이다.

초점을 유지하는 것과 지나치게 집중하는 것 사이에는 중요한 차이가 있다. 경쟁자를 피하려다 보면 종종 그 정도를 넘게 된다. 경쟁자가 없는 시장의 경우를 보자면, 틈새시장에 집중했든지 혁신적인 솔루션을 가지고 있었든지 둘 중 하나의 이유로 경쟁자를 피한 것인데 이 둘의 차이를 구별하는 것은 매우 쉽다. 당신이 해결하려는 문제를 직접 경험하는 사람이 얼마나 많은지를 물으면 된다. 틈새시장이라면, 한 가지 기능만을 제공하는 앱을 예로 들 수 있다. 사람들이 서로에게 '야!'라는 메시지를 보내는 기능만 있는 앱의 경우 제품이 실제로 사람들의 문제를 해결하지 않기 때문에 경쟁자가 존재할 이유가 없다. 반면에, 진정으로 혁신적인 스타트업은 해결되지 않은 문제를 해결한다. 이때 경쟁자는 대체로 간접적으로만 존재하는데, 이는 시장이 너무 작아서라기보다 그들의 아이디어가 독창적이기 때문이다.

🎯 여섯 번째 실수: 출시 지연

솔루션 설계에 착수하고 나면 그것이 끝없이 개선될 수도 있다는 것을 금세 깨닫게 될 것이다. 당신의 소프트웨어가 무결점이거나 당신의 서비스나 제품이 고객의 요구를 완벽하게 충족시킬 가능성은 결코 없다. 추가하거나 개선할 부분이 많을 수밖에 없다는 점을 감안하면 시장에 출시할 준비가 끝났다고 느끼는 날은 영원히 오지 않을 것이다. 그러나 너무 오랜 기다림은 동기를 퇴색시키고 경쟁자들에게 시장 점유율을 확보할 수 있는 소중한 기회를 내주는 꼴이다. 경쟁자들은 그 점유율을 무기로 당신을 시장 밖으로 내몰거나 사업을 시작하는 일 자체를 막을 수도 있다.

지나치게 다양한 작업, 과도한 완벽주의, 고객이나 문제를 진정으로 이해하지 못하는 것, 단순히 속도가 너무 느린 것 등 출시 지연을 유발하는 몇 가지 뚜렷한 문제가 있다. 미셸 로마노우(**클리어코**의 대표)는 스타트업의 초기 단계 성공은 팀이 얼마나 신속히 업무를 수행하고 고객 평가를 기반으로 제품을 얼마나 빨리 개선하는지에 달려 있다고 말한다. 어떻게 그럴 수 있을까? 여러 방법이 있다. 스위시의 경우 달력앱의 초대 기능을 사용하여 팀원과 마감 시간을 공유한다. 그는 자신의 팀이 누락된 작업에 대해 책임을 지도록 하고, 반대로 팀도 그에게 책임을 묻기를 기대한다. 스위시는 서프를 설계할 때 즉시 사용자 평가를 받을 수 있도록 최소기능제품(다음 장에서 자세히 논의할 것이다.) 구축을 시작했다. 그럼으로써 그의 아이디어를 기술 자문과 잠재적인 투자자에게 더 구체적으로 설명할 수 있었다는 점에 주목해야 한다. 퀸의 경우에는 교수 및 친구들과의 회의를 통해 그의 회사 **오팀**을 시작했다. 회의 때마다 문제와 그가 제안한 솔루션에 대해 이야기하고, 사람들을 만날 때마다 자신에게 질문을 던져 달라고 했다. 대답할 수 없는 질문은 곧, 그에게 탐색하고 조사해야 할 영역이 생겼다는 의미였다. 당신이 무엇을 하든지, 작은 것이라도 행동을 취하고 일정에 맞추어 책임을 지는 것이 미래에 닥칠지 모를 장애물을 가만히 기다리고 생각만 하는 것보다 당신에게 훨씬 도움이 된다는 점을 기억하라.

🎯 학생이라는 이점

회사를 차리기 위해 스위시처럼 학교를 중퇴할 결심을 하기는 쉽지 않다. 그렇다면 보통은 새로 만든 회사에 총력을 투입하기 전에 교육 기관에서 2~4년을 보내게 될 텐데, 재학 중이라는 것에는 다양한 이점이 있다. 첫째, 이 시간을 회사의 기반을 충분히 다지는 기간으로 삼았다가 완전히 회사에 전

념할 수 있는 유연성이 생길 때 비로소 회사를 시작할 수 있다. 둘째, 교내에서 무수한 학자와 동료, 업계 전문가를 접할 수 있으므로 학교는 그들과 함께 당신의 솔루션을 반복적으로 개선해 나가기에 최고의 환경이라 할 수 있다. 이들은 통찰을 얻기 위해 만남을 요청하는 학생을 환영할 것이다. 셋째, 고객을 확보하는 과정에 접어들었을 때 더욱 신중한 선택을 할 책임감을 가지게 된다. 학업과 일의 균형을 맞춰야 하는 과제와 더불어 처음부터 창업을 제대로 시작하기 위해 사업 모델과 고객군을 평가하는 중요한 임무가 주어지는 셈인데, 이때 엄격한 책임을 지는 자세는 당신의 회사에 더없이 좋은 일이다.

---

1 CB Insights (2020) Why Startups Fail: Top 20 Reasons, https:// www.cbinsights.com/ research/startup-failure-reasons-top/ (archived at https://perma.cc/CY2J-7KGE)

5장

최소기능제품(MVP)

자신의 사업 아이디어에 대해 생각해보라. 사업 생각을 품은 사람은 많다. 밖에 나가서 열 명에게 "당신이 떠올려 본 가장 좋은 사업 아이디어가 무엇인가요?"라고 물으면 대부분이 대답을 내놓을 것이라고 우리는 장담할 수 있다. 사람들에게는 저마다 아이디어가 있지만 그들을 기업가와 구분 짓는 것은 '실행' 여부이다. 당신의 아이디어를 행동에 옮겨야 하며, 이를 위해서 최소기능제품이 필요하다.

🎯 최소기능제품이란?

기업가로서 성공의 핵심 요소 중 하나는 최소기능제품(MVP: Minimum Viable Product)을 빠르게 구축하는 능력이다. 최소기능제품이란 당신이 고객, 투자자 및 파트너에게 선보이는 사업 아이디어의 증거이다. 즉, 당신이 선택한 솔루션을 최소한의 형태로 구현하여 핵심 가치를 보여주는 것이다. 최소기능제품을 더 빨리 내놓을수록 당신이 올바른 방향으로 가고 있는지를 알려줄 정보 수집을 그만큼 빨리 시작할 수 있다. 고객들은 당신의 아이디어에 실질적인 방식으로 기여할 수 있어야 한다. 수집할 정보 중 가장 중요한 것은 고객이 실제로 최소기능제품을 사용하는지 여부이다.

개인이나 업체가 실제로 최소기능제품을 사용해볼 의향이 있다면 그것은 당신이 올바른 방향으로 가고 있다는 훌륭한 초기 지표이다. 고객이 미완성 제품을 기꺼이 사용할 만큼 당신이 매우 중요한 문제를 해결하고 있음을 의미하기 때문이다. 얼리어답터에게 초기 제품을 시험해볼 기회를 제공하면 제품 또는 서비스의 숨은 결함을 발견할 수도 있으며, 이러한 고객 평가를 발판으로 삼아 사용자의 편의를 도모하는 제품으로 거듭난다면 회사는 초기에 추진력과 인기를 얻을 수 있다. 또한 고객은 자신의 선호와 제안을 기꺼이 반영하려는 회사를 높이 평가하며, 스스로 개발 과정의 일부라고 느끼고 당신의 사업에 일종의 충성심을 느낄 수도 있다.

◎ 최소기능제품의 유형

다음 세 가지 주요 유형의 최소기능제품을 제작할 수 있다. 출시 예고 사이트(랜딩 페이지), 시제품, 플린스톤 최소기능제품(Flintstone MVP)이 그것이다.

출시 예고 사이트(랜딩 페이지)

궁극적으로 당신은 완제품을 판매하기 위해 고객을 유인할 최종 목적지를 가져야 한다. 이를 위해 많은 사업 주체가 매우 단순한 웹사이트인 출시 예고 사이트를 제작하곤 한다. 그렇다면 완제품을 만들기 '전'이라도 사이트를 먼저 여는 것은 어떤가? 시범 평가자만을 위한 공간이라 하더라도 그들과 실시간으로 대화 가능한 출시 예고 사이트가 있으면 다음과 같은 귀중한 정보를 얻을 수 있다.

- **전환율**: 사이트 방문자 중 사이트에서 유도한 일을 행한 사람들의 비율(특히 잠재 고객이 국외에 있을 경우)
- **가격 평가**: 제품이 너무 비싼가? 그래서 구매하려고 망설이다가

그만두는가? 아니면 너무 저렴한가? 그래서 한꺼번에 다수를 주문하거나, 반대로 가격 때문에 제품의 품질을 신뢰할 수 없어 구매하지 않는가?

- **고객들의 이메일 주소**: 향후 광고 전단 발송용

기능적인 출시 예고 사이트를 사용하면 사전 주문을 받으며 실제 수요가 있음을 확인할 수 있고 더 나아가 수요를 늘릴 수 있을지도 모른다. 제품 제작에는 당장에 돈 한 푼 들이지 않고도 이 모든 것이 가능해지는 것이다.

출시 예고 사이트라는 최소기능제품은 브랜드와 고객 간의 첫 번째 접촉 수단이기 때문에 이를 통해 고객에게 브랜드를 각인시킬 수도 있다. 간단한 온라인 검색만으로 해당 최소기능제품과 기업이 제안하는 고유한 가치를 발견할 수 있다면 사업이 이미 실재하는 것과 같은 효과를 낼 것이다. 이런 유형의 최소기능제품에서 수집되는 정보는 사이트에 접근하려는 고객의 손에 달렸으므로 단순하게 클릭을 유도하는 것 이상의 고객 유인 요소가 있을 때 가장 효과적으로 사용된다. 유의해야 할 단점은 사이트에 접근했지만 찜하거나 장바구니 버튼을 클릭하지 않거나, 추후 출시 소식을 받기 위한 고객 정보를 입력하지 않는 사람들도 있는데, 당신은 고객이 그런 선택을 한 결정적인 이유를 알 방법이 없다는 것이다.

시제품

시제품을 제작해 사용을 원하는 고객의 등록을 요청하는 방식은 고객에게 제품 아이디어의 기본적 특징과 설계 원리, 그리고 제품이 의도한 바를 보여줄 수 있다. 이를 통해 제작자는 고객이 제품의 가치를 어떻게 인식했는지에 대해 깊은 통찰을 얻게 된다. 숫자는 거짓말을 하지 않는다. 등록한 고객이 하나도 없다면 아무도 원하지 않는 제품에 시간과 돈을 낭비하지 말고 새로운 아이디어를 찾아야 할 것이다. 시제품을 사이트에 등록하는 경우, 그 제품이 실제 판매와 직접적인 상관관계는 없음을 이해하고 신규 등록자는 단지 제품에 대한 관심을 표시하는 것이지 향후 제품 구매가 보장된 고객이 아니라는 점을 주지해야한다.

플린스톤 최소기능제품(Flintstone MVP)

완전한 기능을 갖춘 제품이라는 '환상'을 주지만 실제 완성된 솔루션을 위해서는 사람의 힘을 빌려야 하는 유형의 최소기능제품을 '플린스톤 최소기능제품'이라고 한다(만화영화 〈플린스톤 가족The Flintstones(1960년대 미국의 ABC에서 방영한 작품으로, 구석기 시대를 배경으로 가족들의 에피소드를 그린다.)〉에 등장하는 인간의 발로 움직이는 자동차 같은 것이다). 이는 솔루션의 형식이 제품이 아닌 서비스일 때 잘 어울리는 모델로, 고객에게는 제공하는 서비스의 개발이 완성형인 것처럼 보이지만 실제로는 그 뒤에서 당신이 모든 조작을 하고 있다. 이 최소기능제품 유형의 큰 장점 중 하나는 고객과 밀접하게 상호 작용할 수 있으며, 긍정적인 반응을 얻은 후에는 아이디어를 그대로 진행할 수 있다는 것이다. 서비스 제공을 통해 이루어지는 고객과의 긴밀한 상호작용은 설립자와 고객이 직접 대면하여 대화할 때 생길 수 있는 선입견으로부터 훨씬 자유롭다. 따라서 고객은 제품이나 서비스를 진정으로 어떻게 받아들이는지 가감 없이 정보를 제공하고, 이는 고객을 이해하는 데 매우 중요한 객관적 자료가 된다. 플린스톤 최소기능제품은 보통 배후에서 작업을 수행하는 사람에게 비용을 지불하므로 단기적으로 비용을 절약할 수 있다. 이 유형을 모방하여, 시스템에 막대한 자원을 투자하기 전에 자동화된 과정이 기능하는 것을 지켜보면서 완전한 시스템은 어떻게 작동할지 가늠해볼 수도 있다. 이 최소기능제품 유형의 잠재적 문제점으로는 배후에서 인간이 거의 완벽에 가까운 작업을 수행해야 하기 때문에 설립자가 자신과 동일한 지식과 기술을 가진 누군가를 찾아야 한다는 점을 꼽을 수 있다(혹은 설립자 혼자 모든 것을 다 해야 할 수도 있다).

미국에 기반을 둔 음식 배달앱 **도어대시**는 플린스톤 최소기능제품 유형을 활용해 시작되었다. 공동창업자인 토니와 스탠리는 그들이 만든 웹사이트를 통해 사람들이 각자 좋아하는 식당에 주문을 하게 했고, 이렇게 받은 주문을 말 그대로 그들이 직접 식당에다 주문하여 고객의 문 앞까지 배달했다. 도어대시는 이제 미국 여러 주에서 서비스를 실시하는 완전한 앱을 구축하여 상당 규모의 단기 고용을 창출하고 미국 전역의 다양한 사업체와 파트너 관계를 맺고 있다.

🎯 최소기능제품의 사례

아마존- 단순하지만 세심한 최소기능제품

창업 25년이 지난 지금 세계 최대의 소매업체이자 전자 상거래 플랫폼의 거물이라 할 수 있는 **아마존**이 처음부터 이런 모습으로 시작한 것은 아니다. 설립자 제프 베이조스Jeff Bezos는 현재 가장 수익성이 높은 서비스인 '아마존 웹 서비스'와 '아마존 프라임'의 진영을 갖추고 시장에 진입한 것이 아니라 당시에는 대단히 놀랍게 여겨졌던, 고객에게 책을 배송하는 서비스로 회사를 시작했다. 책을 구매하고 싶다면 '지구에서 가장 큰 서점' amazon.com에서 제목을 검색하면 되고, 그러면 서점은 경쟁력 있는 저렴한 가격으로 책을 배송한다.[1] 돌이켜보면, 구매와 배송이 간편하고 최종 소비자에게 도달하기까지의 비용이 상당히 저렴하다는 점에서 영리한 사업 범주를 택했다고 할 수 있다.[2] 온라인 도서 구매 중개업(유통자와 소비자 사이에서 거래하는 당사자)이 **아마존**의 최초 모습이며, 이 최소기능제품이 후에 다른 사업 범주(지금은 거의 모든 분야)에서도 엄청난 성공을 거두는 데 기여했다. 유통업체에서 책을 구매하고 고객에게 배송하는 동안 생성된 엄청난 양의 고객 평가를 활용할 수 있었기 때문이다. 훌륭한 최소기능제품은 고객 평가를 제대로 활용한다. 지속적인 고객 평가의 순환을 통해 **아마존**은 스스로를 반복적으로 개선할 수 있는 지식과 자신감을 갖게 되었고, 그 과정에서 매번 새로운 제품을 제공하거나 보다 간소화한 운영 과정을 택할 수 있었다. **아마존**이 기업가에게 주는 교훈은 이것이다. 최소기능제품을 위한 전략을 깊이 고민하되, 제품은 단순해야 한다. 최소기능제품은 최종 제품이 아니다. 최종 제품은 수많은 고객 평가를 수집하여 제품을 지속적으로 개선한 결과물이어야 한다.

넷플릭스 – 불완전한 최소기능제품의 변형

혹시나 불완전한 최소기능제품이 사업 성공에 치명적인 영향을 미치는 건 아닌지 여전히 걱정하고 있는가? 그렇다면 명실상부 성공을 경험한 회사인 **넷플릭스**가 반증이 되어줄 것이다. 1997년에 설립된 이 온라인 엔터테인먼트 스트리밍 서비스는 전 세계적으로 약 1억 5,800만에 달하는 유료 회원을 달성하기까지[3] 제품 개발 기반과 브랜드 이미지 측면에서 여러 번 변화를 겪었다. 우리가 말하고자 하는 바를 확인하기 위해 2002년에 나온 출시 예고 사이트를 들여다보자.[4]

그것은 넷플릭스에서 영화 DVD를 대여하는 것이 왜 좋은지 설명하는 단 한 페이지짜리 웹사이트였다. '최고의 라인업, 집까지 빠르게 배달, 반납기한이나 연체료 없음, 무료 배송'이라는 말이 페이지의 첫 몇 줄을 차지하고, 나머지 부분에는 월 구독료, 고객 문의를 위한 연락처 안내와 함께 컴퓨터의 '쿠키'가 무엇이며 넷플릭스의 DVD 목록에 접근하기 위해 어떻게 쿠키를 활성화하는지에 대한 상세 설명이 나온다. 이게 전부였다!

최소기능제품은 어떤 아이디어의 잠재력을 고객에게 보여줄 수 있도록 그 부분만 단순하게 드러내 제품을 사용해보고 싶다는 호기심을 유발하면 그만이다. 넷플릭스의 출시 예고 사이트를 보며, 최소기능제품은 제품의 영구적인 상태가 아니라 고객 인지도와 회사 성장의 측면에서 앞으로 나아갈 수 있도록 설계된 도약대라는 점을 이해하기 바란다.

에어비앤비- 지나치게 생각하지 마라

아직도 최소기능제품을 만들어야 하는지 확신이 서지 않는 가? **에어비앤비**에 대해 듣거나 직접 이용해 본 적이 있을 것이다. **에어비앤비**는 전 세계 10만여 개 도시에서 단기 숙박 시설을 제공하는 최고의 온라인마켓이 되기까지, 머물 곳이라는 단한 가지의 특정한 필요만을 전제로 두었다. 설립자 조 게비아 Joe Gebbia와 브라이언 체스키Brian Chesky는 임대료를 지불하는 것조차 힘들 정도로 자금 부족에 시달리면서도 사업을 시작하고 싶었다. 어떻게든 자금 사정을 개선해보고자 자신들의 아파트에서 쓰지 않는 공간을 활용할 방법을 모색하던 두 사람은 숙박업 시장의 고질적인 문제를 발견한다. 호텔방을 찾는 데드는 비용과 어려움이 상당하고, 특히 어떤 지역에서 큰 행사가 열리기라도 하면 더욱 그러하다는 점이었다. 여기에서 출발해, 아파트의 남는 공간을 숙박 용도로 빌려주기로 했지만 그들의 마음속에는 여전히 중대한 질문이 남아 있었다. '생판 모르는 사람이 사는 집에 머물기 위해 사람들이 기꺼이 돈을 지불할 것인가?' 샌프란시스코에 있는 자신들의 아파트 근처에서 아이디어 회의가 열렸을 때, 두 사람은 지체 없이 이 질문에 답을 내보기로 했다. 새로운 웹사이트 **에어비앤비**를 홍보하고 그들의 아이디어가 얼마나 훌륭한지 세상에 보여줄 수백만 달러는 없었지만 대신 그들에게는 빈 방, 에어매트리스 몇 개, 아이폰과 카메라가 있었다.[5] 이 자원으로 만든 최소기능제품의 결과는 비어 있는 침실 사진을 올려놓은 기본적인 웹사이트였다. 이 단순하고 직접적인 접근 방식을 통해 그들은 최단 시간에 시험 가능한 제품을 만들었고 직접 시장에 나가 자신들의 아이디어를 증명할 유료 고객 세 명을 등록했다.[6] 이 고객들은 당시 설립자(이자 동시에 판매자 역할)가 제공한 에어매트리스, 무료 와이파이, 아침 식사를 경험했고 게비아와 체스키는 고객이 머무는 동안 그들과 많은 시간을 보내며 다양한 고객 평가를 수집해 이 새로운 서비스에서 고객의 요구 사항이 무엇인지 파악할 수 있었다. 사업 초기의 이런 통찰력, 고객과의 의사소통은 **에어비앤비**를 만드는 데 중요한 역할을 했다. 설립자들이 양질의 고객 평가를 수집하고 고객 충성도를 구축할 수 있었기 때문이다. 오늘날 회사의 가치는 380억 달러[7]이며, 이 모든 것의 시작은 사진 몇 장을 올린 웹사이트라는 기본적인 최소기능제품이었다. 자, 이제 그만 생각하고 움직이라!

◎ 최소기능제품의 가치

최소기능제품은 최종 목표도, 수익을 극대화하는 수단도 아니다. 실체를 구축, 측정하고 학습을 가능케 하는 디딤돌일 뿐이다. 최소기능제품을 만들고 개발할 때 집중해야 하는 네 가지 주요 목표가 있다.

- 사용자 기반 또는 고객 개발
- 사용자 데이터 수집
- 고객 평가 이끌어내기
- 제품이나 서비스 개선하기

최소기능제품을 개발할 때, 당신은 잠재적 사용자들과 깊은 관계를 맺을 기회를 갖게 된다. 체스키의 말처럼 "100만 명이 어느 정도 만족하는 것이 아니라 100명이 매우 만족하는 것을 만들라."[8] 100명의 얼리어답터와 진정한 팬이 입소문과 직접 추천을 통해 당신의 사업을 보증해주면(이것이 최고의 마케팅이다) 고객은 더욱 늘어날 것이다.

🎯 고객 평가가 왕이다

대다수의 성공적인 회사들이 대중에 최종 제품을 내놓기 전에 최소기능제품을 통해 소수의 고객과 제품을 시험하는 단계를 거친다는 사실은 고객 평가의 장점과 그에 대한 믿음을 강화했다. 그러나 사전에 제품을 시험해본다는 생각을 이해하기는 쉽지만 실제 환경에서는 생각만큼 매끄럽게 실행되지 않는 일이 종종 발생한다. 큰 성공을 거둔 기업조차도 근본적인 문

사례 연구 슬랙Slack

회사 전체의 커뮤니케이션을 통합하여 업무 흐름을 개선하도록 돕는 서비스로서의 소프트웨어(SaaS: Software-as-a-Service) 회사인 **슬랙**은 고객 평가를 듣는 것을 매우 중요하게 생각한다. 최고경영자 스튜어트 버터필드Stewart Butterfield는 그것을 회사의 성공 요인으로 꼽았다. **슬랙**은 앱에 포함된 고객 지원 버튼부터 트위터의 댓글을 살펴 좋고 나쁜 평가를 확인하는 것까지 가능한 모든 방법으로 사용자의 평가를 받는다.[9] 고객의(특히 초기 사용자의) 평가를 듣고 구현한 작은 변화들이 결국 회사에 큰 영향을 미쳤다. 버터필드는 '시제품을 통한 고객 평가는 제품 설계에서 발생하는 작은 실수를 찾는 데 중요하다'고 믿는다.[10] 고객의 평가는 최소기능제품을 성공적인 제품으로 완성하기 위한 황금티켓이다. 이를 도입함으로써 당신이 만족을 선사한 초기 사용자는 기꺼이 다른 사람들에게도 당신의 제품을 추천할 것이다.

제를 일으키기 쉽다. 이제부터 '구글 글래스Google Glass'의 독특한 사례를 살펴보자. 이 제품은 사용자가 안경을 끼면 거리를 걸으며 메시지를 주고받고, 사진을 찍고, 동영상을 녹화할 수도 있는 증강 현실 기능을 탑재하고 있었다.[11] G메일, 구글 지도, 번역 등의 구글 앱이 모두 내장되어 있고, 뉴스 및 소셜 미디어 네트워크 공유도 가능했다. **구글**에서 내놓는 제품이라는 사실만으로도 온갖 과장된 정보가 떠돌았다. 회사는 쌍방향 및 웨어러블 기술을 대중에게 소개하기 위해 눈부신 영상들을 내보냈다. 2013년, 예고한 모든 기능을 완벽하게 갖춘 구글 글래스의 초기 버전이 마침내 세상에 나왔으나 이내 제품 사용자로 인한 지역 주민의 피해가 우려되면서 비판의 목소리가 터져 나왔다. 길을 가다가 나도 모르는 사이 사용자에게 녹화될 가능성 등 다양한 사생활 보호 문제가 제기되었고[12] 사용자가 운전 중에도 장치를 착용할 수 있기 때문에(명백히 주의가 산만해진다) 안전에 대한 우려도 제기되었다. 심지어 구글 글래스는 해커들의 관심 대상이기도 했는데, 개인 정보 및 안면 인식에 접근을 고려할 때 이는 심각한 위협이었다.

8,000명의 사용자를 대상으로 한 시험에 실패한 후, **구글**은 개발 비용이 수억 달러에 달하는 것으로 추산되는[13] 이 장치를 소비자용에서 산업용으로 전환했다. 구글 글래스의 사례는 사용자가 제품과 상호 작용할 기회가 있을 때까지는 제품이 사용자에게 적합한지 아닌지를 알 수 있는 진정한 방법이 없음을 보여준다. 따라서 제품의 실행 가능성을 가정하는 데 그치지 말고 간단한 최소기능제품으로 시장에서의 실제 가능성을 시험하고 검증해야 한다. 이때 최대 시장을 바라보고 제품을 만들기보다는 선택된 소수의 사용자를 대상으로 제품을 만들어 시험하라. 이렇게 하면 **구글**이 그러했던 것처럼 회복에 어려움

을 겪지는 않을 것이다!

🎯 최소기능제품을 설계하는 방법

최소기능제품 제작의 이점을 확인했으니, 이제 초기 원형을 설계할 때 어떤 모범 사례가 있는지를 살펴보자. 스위시가 서프를 만들기 시작했을 때 종이에 제품의 첫 번째 버전이 어떤 모습일지, 어떤 방식으로 만들어질지를 생각하며 시각적인 아이디어 지도를 직접 그려본 것처럼 간단한 일도 설계의 일환이 될 수 있다. 실제 제품을 만드는 경우 초기 버전 생산과 관련하여 가능한 한 많은 정보를 수집할수록 좋다.

티셔츠 판매 사업을 시작한다고 상상해 보라. 최소기능제품을 어떻게 디자인할 것인가? 이 과정은 누구에게 티셔츠를 팔고 싶은지 생각하는 것부터 출발한다. 진입하려는 시장 또는 대상 고객에 대해 어떤 정보를 가지고 있는가? 디자인 과정 전반에 걸쳐 고객을 염두에 두고 그들의 입장에 서야 한다. 그런 다음에는 티셔츠가 어떻게 생겼는지 그리기 시작한다. 어떤 느낌을 원하는가? 소비자가 티셔츠를 처음 보고 어떤 생각을 하기를 바라는가? 티셔츠의 모양이 궁극적인 사업의 기반이므로 구매 여부를 결정하는 요인은 디자인이다. 다음으로, 잠재 고객에게 제시할 티셔츠의 실제 버전을 어떻게 생산할지 생각해야 한다. 여기에는 조사를 수행하고 셔츠 유통업체에 전화를 걸어 일괄 견적을 받는 일이 포함된다. 첫 시제품으로 몇 장을 제작하고 싶은가? 업체를 선택할 때는 또한 고객이 셔츠의 품질을 얼마나 중요하게 따질 것인지도 고려해야 한다. 몇 번만 입어도 줄어들거나 너덜거리는 티셔츠를 판매하면 평판이 영구적으로 손상될 수 있다. 티셔츠 제작의 마지막 단계는 도안을 프린트하는 것이다. 주변에 도안을 공급하고 인쇄해주는 회사가 있는가? 여러 곳에 문의해 비용을 가늠해본다. 가능한 모든 경로를 조사하면 필연적으로 비용을 절약할 수 있다. 이 모든 단계를 완료하면 비로소 최소기능제품이 나온다. 이제 무엇을 할 것인가? 나가서 제품을 확인한다. 더 큰 시장으로 진출하기 전에 소수 고객으로 시작해야 한다는 것을 잊지 말자.

앱을 만드는 경우에는 최소기능제품을 구상하는 방식이 조금 다르다. 인비전, 발새미크, 모킹버드, 언바운스 등 앱을 최소기능제품으로 시각화하는 데 도움을 주는 플랫폼이 여럿 있는데, 앱의 원형을 설계하고 제작할 때 이들이 특히 유용하다.

앱의 원형을 구축할 때의 목표는 잠재적 고객이나 투자자에게 자세한 안내를 제공하는 것이다. 그들이 앱을 사용하는 동안 당신이 넣고 싶었던 내용이 담긴 다양한 페이지를 불편함 없이 볼 수 있어야 한다.

물리적인 제품을 만드는 경우에는 첫 시제품을 개발하는 예산을 최대한 절약해야 한다. 제품이 반드시 기능적일 필요는 없으며 사람들에게 제품의 사용에 대한 명확한 그림을 제공하기만 하면 된다. 스트레스를 받는 동안 팔에 가해지는 물리적 분석 정보를 추적할 수 있는 완장을 개발한다 치자. 최소기능제품은 팔을 어느 만큼 덮을 것인지, 무게는 얼마나 나가며 어떤 모양인지를 보여주는 정도면 된다. 그 정도 모습으로도 제품 설명을 위해 단어를 고르고 글로 사람들이 당신의 생각을 정확히 파악하기를 바라는 것보다 훨씬 더 명확한 내용을 보여줄 수 있다.

서비스 기반 회사를 만들고 있다면 당신이 곧 재산이다! 서비스를 제공할 거라면 말 그대로 밖에 나가 아무 문이나 두드려서 불특정 다수로부터 당신의 서비스를 구매할 의향이 있는지 즉각적인 고객 평가를 얻을 수 있다. 예를 들어, 잔디 깎기 서비스를 시작한다면 이웃을 방문하여 서비스 비용을 지불할 생각이 있는지 확인하라. 관심을 보이는 사람이 있다면 당신은 서비스에 대한 수요를 창출하고 첫 번째 고객을 확보한 셈이다.

최소기능제품을 개발하는 데에는 너무 많은 시간을 할애할 필요도 없다. 세상에 선보일 최소기능제품을 만드는 기간을 3주 이상 소비하지 않는 것이 좋다.《린 스타트업The Lean Startup》의 저자 에릭 리스Eric Ries는 "최소기능제품은 팀이 최소한의 노력으로 최대의 검증된 고객 정보를 수집할 수 있는 신제품의

한 형태"라고 말했다.[14] 그러니 너무 많은 시간과 자원을 낭비하지 마라. 핵심은 한시라도 빨리 고객의 평가를 받는 것이다.

균형 잡기

최소기능제품을 만들 때 염두에 두어야 할 몇 가지 사항이 있다. 당신은 지금 아이디어를 '최소한'의 실행 가능한 제품으로 만들고 있다. 즉, 핵심 기능만 있는 제품이면 된다. 최소기능제품을 개발하는 기업가가 흔히 빠지는 함정은 바로 '완벽한 제품'을 추구하는 것이다. 그러면 모든 기능을 제공하겠다는 생각으로 예상 지출을 초과하고 잠재적 고객을 혼란스럽게 하는 복잡한 최소기능제품이 나온다. 다른 극단에서, 가장 기본적인 제품을 만드는 일을 조잡한 버전을 만드는 것으로 착각하지 말아야 한다. 이용할 만한 기능이 충분하고 제품의 사용을 통해 고객이 얻으리라 생각하는 목표를 구현한 제품을 만들어야 한다. 최소 수준일지라도 여전히 필요한 기능은 갖추어야 한다는 말이다.

최소기능제품을 구상하는 데 필요한 것을 이해하려면 오늘날 세계 최고의 제품 디자이너인 이들의 남다른 생각을 살펴보라. 제임스 다이슨James Dyson은 영국의 발명가이자 산업 디자이너이다. 그는 먼지봉투 없는 청소기, 날개 없는 선풍기 등을 만드는 **다이슨**의 창업주로 유명하다. 잡지 《아이엔씨Inc》와의 인터뷰에서 그는, 제품 디자인이란 창의적인 아이디어를 내놓는 것이 아니라 실패를 극복하는 흔들리지 않는 끈기라고 말했다. "제대로 된 진공청소기를 만들기까지 5,127개의 원형을 만들었습니다. 5,126번 실패한 거죠. 하지만 나는 모든 실패로부터 배움을 얻었고, 그것이 내가 솔루션을 생각해 낸 방법입니다. 그래서 나는 실패에 개의치 않습니다."[15] 최소기능제품을 위한 제품 설계에 들어갈 때 당신은 두세 번의 시도만에 완전한 제품이 나올 수 없다는 점을 인정해야 한다. 더 나아가, 실패를 현실로 받아들이고 그것에 불편함을 느끼지 않아야만 설계 과정에 정신적으로 집중할 수 있다. 이와 더불어 다이슨은 각각의 버전이 나올 때마다 고객 평가를 받아 제품을 개선하는 것이 중요하다고 강조한다.

제품 디자인 '명예의 전당'에 이름을 올린 또 다른 인물은 **나이키**의 오랜 디자이너인 팅커 햇필드Tinker Hatfield이다. 그 유명한 '에어 조던' 시리즈의 대표 모델들을 만든 그는, 잡지 《지큐GQ》와의 인터뷰에서 클래식 '에어맥스 원'을 어떻게 만들었는지에 대해 이렇게 말했다. "사용되는 시대와 장소에 적합한 것이 좋은 디자인입니다. 우리가 빠트리지 않고 보는 중요한 디자인적인 측면은 사람들이 이해하지 못하는 지점까지 멀리 당신을 밀어붙여 보았는가 하는 점이에요. 사람들이 어떤 것을 이해하지 못한다면, 그것을 좋아하지 않을 수도 있기 때문이죠."[16]

이 말에서 제품 디자인의 보편적인 진실이 드러난다. 바로 최종적인 판단을 내리는 쪽은 궁극적으로 고객이라는 것이다. 제품의 디자인에 당신이 고집을 부려서는 안 된다. 개인적인 비전이 고객에게 기꺼이 받아들여질 만한 범위를 지나치게 벗어났다면 당신이 희생해야 한다. 여기서도 마찬가지로 대상 고객이 당신의 디자인을 수락할지 여부를 확인하는 방법은 그들과 최소기능제품을 공유하는 것이다! 고객 평가를 할 때 고객의 선호도를 포함해야 마침내 최소기능제품을 넘어 고객이 돈을 지출하는 정식 제품이 나온다(6장에서 자세히 설명한다). 햇필드가 '에어맥스 제로' 대신 '에어맥스 원'을 출시하기로 결정했을 때 고려한 점이 이 부분이다. 그는 '에어맥스 제로'가 "우리가 생산하기에는 시대를 너무 앞서갔어요."라고 했다.[17]

페이스북의 제품 디자인 이사 어맨다 린든Amanda Linden의 다음 지적이 아마도 제품 디자인의 초기 단계를 가장 잘 설명할 것이다. "훌륭한 제품은 단순히 만들고 또 만드는 것이 아니라 계속해서 만들며 정제하는 과정에서 나옵니다."[18] 제품 디자인의 핵심은 기존 제품에 군이 불필요한 부분을 더하는 것이 아니라 현재의 특징이 완벽하게 작동하도록 하는 것이다. 최소기능제품 디자인의 경우, 요소가 적으면 적을수록 더 좋고 제품의 근본적인 측면에 집중하면 많은 시간과 에너지를 절약할 수 있다.

🎯 최소기능제품의 제작 비용을 조달하는 방법

최소기능제품을 구축하고 고객과 함께 시험하려면 제작 비용을 조달해야 한다. 우선, 티셔츠 유통업체에 제작 비용을 지불하는 경우처럼 당신이 직접 최소기능제품에 드는 비용을 선불로 대는 방법이 있을 것이고, 아니면 킥스타터와 같이 유명한 크라우드펀딩 플랫폼에서 초기 투자자로부터 자금을 모으는 방법도 생각해볼 수 있다. 크라우드펀딩이란 대중이 각자 원하는 사업 계획과 제품 아이디어에 돈을 투자하는 방식이다. 유명한 '오큘러스 리프트' 가상 현실 헤드셋을 제작한 **오큘러스**(후에 **페이스북**이 인수)는 킥스타터에서 자금을 지원 받은 성공 사례이다.[19] 최소기능제품을 만들기 위해 친구와 가족에게 투자를 부탁할 수도 있겠지만, 가급적 불편한 일은 피하고 싶을 것이다. 특히 최소기능제품이 앱일 때 고려해볼 세 번째 방법은 선불금 없이 최소기능제품을 구축해주는 대가로 개발자의 '땀에 대한 지분'만큼을 당신이 포기하는 것이다. 이는 재정적 자본이라기보다 노동 측면에서의 기여를 자본으로 보는 것인데, 개발자가 들인 시간과 노력에 대한 보수로 사업의 지분을 주는 방법이다. 대신에 당신의 사업에 장기적으로 관심과 믿음을 가질 개발자를 찾아야 한다.

다음 표에서 세 가지 자금 조달 방법을 간략하게 비교한다.

표5.1 최소기능제품 자금 조달 방법

최소기능제품 자금 조달 방법	장점	단점
제작자에게 선불로 지급	• 아무 지분도 포기할 　필요 없음 • 초기 고객을 유인하거나 　더 나은 조건으로 　자금을 조달할 수 있는 　기능적 원형을 구축	• 일이 잘 풀리지 않을 시 　(즉, 고객들이 최종 제품을 　좋아하지 않는 경우) 　비용이 많이 들고 들인 　비용을 회수할 수 없음
투자금 조달	• 여윳돈이 생김 • 개발 비용을 회수하는 것에 　더해 한두 명의 영업 사원을 　고용하거나 광고에 일부 　자금을 투자할 수 있음	• 제품/시장 적합성을 　확립하기 전에(즉, 당신의 　아이디어가 최종 소비자를 　만족시킬지 여부를 아직 　모름) 자본이 희생됨
팀에 대한 지분 (개발자를 팀에 합류)	• 반복 개선이 필요한 경우 　같은 개발자가 빠르게 　대응할 수 있기 때문에 　지속적으로 도움이 됨 • 투자자가 원하는 　기술적 주도권 확보	• 일정 지분 포기 • 개발자가 장기적으로 　팀에 남을지 여부가 　불확실함

---

1 Cakebread, C (2017) Amazon launched 22 years ago this week – here's what shopping on Amazon was like back in 1995, Business Insider, https://www.businessinsider.com/amazon-opened-22-years-ago-see-the-business-evolve-2017-7 (archived at https://perma.cc/CR2M-BV97)

2 Eakin, S (2018) Amazon is huge because it started with a great MVP, Entrepreneur, https://www.entrepreneur.com/ article/308707 (archived at https://perma.cc/XS3X-9NW3)

3 Hayes, D (2019) New Netflix subscriber and revenue figures underscore boom outside U.S, Deadline, https://deadline. com/2019/12/new-netflix-subscriber-and-revenue-figures-underscore-boom-outside-u-s-1202810784/ (archived at https://perma.cc/HH7R-JAAY)

4 Wayback Machine, Netflix Landing Page 2002, https://web. archive.org/web/20021202120616/http://www.netflix. com/entryTrap.html#nc4 (archived at https://perma. cc/87EL-D8K3)

5 Mendoza, J (2019) Airbnb's app success story: A solid MVP, Fueled, https://fueled.com/blog/airbnb-mvp/ (archived at https://perma.cc/GR44-7WNB)

6 Ibid

7 Schleifer, T (2019) Airbnb sold some common stock at a $35 billion valuation, but what is the company really worth? Vox, https://www.vox.com/2019/3/19/18272274/airbnb-valuation-common-stock-hoteltonight (archived at https://perma.cc/LG3G-H949)

8 Shontell, A (2013) The best advice Airbnb CEO Brian Chesky ever received, Business Insider, https://www.businessinsider. com/the-best-advice-airbnb-ceo-brian-chesky-ever-received- 2013-1 (archived at https://perma.cc/8ZKY-7W67)

9 Clifford, C (2019) Slack CEO Stewart Butterfield's tweet reveals a critical component to the company's success, CNBC, https://www.cnbc.com/2019/06/20/slack-ceo-butterfields-tweet-shows-key-component-to-companys-success.html (archived at https://perma. cc/9BZD-FQ8K)

10 Fast Company (2015) Slack's founder on how they became a $1 billion company in two years, https://www.fastcompany. com/3041905/slacks-founder-on-how-they-became-a-1-billion-company-in-two-years?utm_source=join1440&utm_ medium=email&utm_placement=etcetera (archived at https:// perma.cc/7LR6-ZBLK)

11 Satell, G (2019) Here's what most people get wrong about minimum viable products, Digital Tonto, https://www. digitaltonto.com/2019/heres-what-most-people-get-wrong-about-minimum-viable-products/ (archived at https://perma. cc/9PX4-XJZV)   .

12 Ibid

13 Bajarin, T (2015) The debacle of Google Glass, Vox, https:// www.vox. com/2015/5/12/11562546/the-debacle-of-google-glass (archived at https://perma.cc/P5EV-ZPVX)

14 Ries, E (2009) Minimum Viable Product: a guide, Startup Lessons Learned, http://www. startuplessonslearned. com/2009/08/minimum-viable-product-guide.html (archived at https://perma.cc/23P9-TY9V)

15 Brandon, J (2016) James Dyson on how to invent insanely popular products, Inc.com, https://www.inc.com/john-brandon/james-dyson-on-how-entrepreneurs-need-to-innovate-not-just-invent.html?cid=search (archived at https:// perma.cc/4UP5-PT46)

16 Woolf, J (2017) Meet the mastermind who designed your favorite Nikes, GQ, https://www. gq.com/story/tinker-hatfield-interview-steph-curry-nike?mbid=social_twitter (archived at https://perma.cc/P34J-3N43)

17 Ibid

18 Linden, A (2016) What does it take to enable great product design? Medium, https:// medium.com/bridge-collection/ what-does-it-take-to-enable-great-product-design-7a5c1abccfc8 (archived at https://perma.cc/S58D-7AZ2)

19 Chafkin, M (2017) Why Facebook's $2 billion bet on Oculus Rift might one day connect everyone on Earth, Vanity Fair, https://www.vanityfair.com/news/2015/09/oculus-rift-mark-zuckerberg-cover-story-palmer-luckey (archived at https:// perma.cc/Q8XJ-V67B)

6장

최소기능제품의 시험과 마케팅

◎ 제품 시험

최소기능제품을 구축했다면 이제 시험 준비가 되었다.

시험을 어떻게 해야 할까? 고객을 무료로 등록하게 하고, 전단을 붙이고, 페이스북 광고를 구매하고, 당신의 동생을 고용해서라도 고객의 문을 두드리게 하라. 사람들이 당신의 최소기능제품을 보게 하는 일이라면 무엇이든 해야 한다. 더욱 중요한 것은 최소기능제품을 선보이고 얻게 될 고객의 평가를 기록하는 일이다. 향후 투자할 것으로 예상되는 예비 투자자에게 보여주는 경우에는 특히 그렇다. 투자자는 자신이 사업 과정의 일부라는 느낌을 받기 원한다. 당신이 그들의 목소리를 기록하는 모습을 보인다면 투자자들은 회사에 더 연결되어 있다고 느낄뿐더러 당신을 배우는 자세가 된 사람, 함께 일할 수 있는 사람으로 평가할 것이다. 또한 확보할 수 있는 데이터(고객 관심, 고객 불만 사항 등)는 많을수록 좋으니 고객 평가는 한 번에 그치지 말고 여러 번 시행해야 한다.

밖으로 나가 사람들에게 평가를 받으라. 그리고 같은 사람을 몇 주 후에 다시 방문하라. 다음번에 방문할 때는 당신의 아이디어와 사업 모델이 실행 가능하다고 생각하는지 더 구체적인 논평을 해달라고 요청하라. 과연 그들은 당신의 아이디어에 돈을 투자할 것인가? 다른 제품이 아닌, 바로 당신의 제품이나 서비스를 구매할 것인가?

🎯 고객 평가에 응답하기

최소기능제품을 만드는 목적은 고객에 대한 당신의 제안과 고객이 실제로 필요로 하는 것 사이에서 올바른 균형을 찾기 위함이다. 그리고 시험의 목적은 당신의 제품에 수요가 있다는 믿음을 소비자로부터 확인하기 위함이다. 이 모든 면에 주의를 기울여야 한다. 최소기능제품을 만들면 제품의 기술적 측면뿐 아니라 사업 및 판매 측면에서의 이해도도 높아진다. 그러려면 열린 마음을 유지하고 모든 종류의 의견에 귀를 기울여야 한다. 시작하기 전에 몇 가지 사항을 검토하자.

마케팅 관련 사항:

- 고객 설문조사를 수행하고 분석할 수 있는가?
- 다양한 소셜 미디어를 통해 데이터를 수집하고 분석할 수 있는가?
- 마케팅의 모범 사례는 무엇인가?
- 가장 좋은 결과를 내는 마케팅 방법은 무엇인가?

기술/제품 관련 사항:

- 핵심적인 설계 및 특정 기능을 시험하고 실행할 수 있는가?
- 고객은 무엇에 예민하게 반응하는가?
- 고객은 무엇 없이도 지낼 수 있는가?
- 당신의 아이디어에만 있는 독특한 특성은 무엇인가?

🎯 방향을 바꾸는 것을 두려워하지 마라

당신은 이 사업을 구축하는 데 시간과 돈을 모두 투자하고 있기 때문에 위험 신호가 있다면 더 나빠지기 전에 해결해야 한다. 이것이 시험의 가장 중요한 목적이자 이유이다. 최종 제품에 당신이 무시했던 문제가 남아 있다면 투자자들이 제품 개발에 참여하고 있다고 느낀들, 결과적으로는 아무런 가치가 없어진다.

시험 참가자는 당신에게 무엇을 말하고 있는가? 당신은 제품을 조정하거나, 발전시키거나 또는 개선할 수 있는가? 제품이 생존할 수는 있는가? 일단 시험대에 올랐더라도 오래 지속되지는 못할 아이디어가 있다. 아무리 유혹을 느껴도 자신을 속여가며 특정한 사업 아이디어를 '바로 이거야!'라고 낭만화해서는 안 된다. 기업가에게 하나의 아이디어는 유일한 아이디어가 아니다. 당신에게는 항상 사업 아이디어가 있을 텐데, 그것은 기업가가 세상을 보는 방식이 솔루션보다는 문제에 의거하기 때문이다. 그러니 고객 평가를 무시하면서까지 한 가지 아이디어에 집착하지 마라. 실패한 사업 계획을 실행하는 것은 당신에게 예외 없이 고통과 좌절을 주고 결국엔 패배하게 될 전략이다.

🎯 최소기능제품 마케팅

구축 중인 사업의 유형에 따라 최소기능제품을 홍보할 채널의 선택이 달라진다. 마케팅 활동 또한 제품, 서비스 또는 소프트웨어 앱 중 무엇을 제공하는지 여부에 따라 바뀐다.

제품의 마케팅은 두 가지 전략을 활용하여 수행할 수 있다.

- 핵심적인 인플루언서 또는 분야의 리더에게 샘플을 제공한다. 이들 중 누군가가 기꺼이 평가를 제공하거나 영상 리뷰를 할 의

향이 있는지 확인하라.

- 행사에 참가해 제품 샘플을 제공하라. 확장 가능한 전략은 아니지만 초기에는 매우 효과적일 수 있다. 많은 기업가가 이렇게 제품을 선보이고 사용자로부터 직접 고객 평가를 받는 것이 제품에 빠진 요소가 무엇인지를 진정으로 이해하는 최고의 방법이리는 것을 발견한다.

서비스 분야 마케팅은 세 가지 전략으로 수행할 수 있다.

- 첫째로 가장 효과적인 것은 친구와 가족의 '입소문'이다. 데이터 정보 회사인 **닐슨**에 따르면 놀랍게도 소비자의 92퍼센트가 일반 광고보다 가족과 친구의 추천을 더 신뢰한다.[1] 이는 결정을 내릴 때 주변 사람들의 제안에 지속적으로 영향을 받기 때문이다. 예를 들어 보자. 카풀 서비스 회사는 입소문 형태의 판촉이 대단히 효과적이다. 하지만 어떻게 회사와 입소문을 내는 고객양 당사자가 이익을 얻을 수 있을까? 친구와 가족(첫 번째 고객)에게 추천코드를 제공하는 빙빕이 있다. **추전코드**는 새로운 친구가 당신의 서비스를 사용할 경우 다음 운행 시에 50퍼센트 할인을 제공한다. 이와 같은 추천 프로그램은 새로운 고객에게 도미노 효과를 낼 수 있으며, 새로운 탑승자는 다른 이에게 메시지

를 퍼뜨릴 동기를 얻는다.

- 둘째, 소셜 미디어 광고를 통해 온라인 판촉 행사를 진행한다. 단순한 조언처럼 보일 수도 있지만, 이 기술을 성공적으로 구현하기 위한 핵심은 광고를 사업체가 있는 도시와 지역에 집중하는 것이다. 토론토에서 카풀 서비스를 제공한다면 위니펙에서 온라인으로 광고를 올릴 필요가 없다. 당신의 서비스에 접근할 지역 내의 고객군이 볼 수 있도록 온라인 광고를 집중해야 한다.

- 셋째, 제품 홍보와 마찬가지로 현장에서도 홍보를 진행한다. 구체적으로 주변 지역에서 진행되는 당신의 사업과 관련된 행사(무역 전시회, 박람회 등)에 참가하는 것을 의미한다. 실시간 제품 시연이나 정보 제공, 또는 잠재 고객을 만나기 위해 이러한 행사에 홍보 부스를 설치하면 회사를 알리는 데 큰 도움이 될 수 있다. 다시 가상의 카풀 서비스를 떠올려보자. 그리고 현장 판매의 예로 음악 축제에 참가한다는 흥미로운 가정을 하는 것이다. 음악 축제는 일반적으로 외곽 도시나 다소 고립된 지역에서 열린다. 그래서 음악 팬들은 이런 곳에 가기 위해 여럿이 모여 이동하는데, 이동 과정도 축제에 참석하는 일부분으로 소중한 경험이 될 수 있다. 이 축제에 당신이 직접 참가해 그런 형태의 이동이 필요한 음악 팬들을 찾아 카풀 서비스에 대해 이야기하고,

당신의 사업에 대해 들어본 적이 없는 잠재 고객에게 사업을 홍보할 수 있다.

앱을 홍보하기

당신은 어쩌면 앱을 만들기로 하고, 그것에 사용자의 관심을 불러일으킬 적절한 판촉 경로를 찾고 있을 수도 있다. 소프트웨어 앱은 온라인(웹 또는 모바일)을 기반으로 하기 때문에 소셜 미디어 광고를 만드는 것이 사람들의 주목을 얻는 적절한 방법이다. 그러나 인스타그램을 훑어보는 동안 광고를 노출하는 방식으로는 충분하지 않다. 광고를 클릭해서 그 다음 정보 단계(웹사이트 또는 앱스토어에서 앱을 다운로드하게 하는 것)로 넘어오는지가 중요하다. 다음 단계로의 이동은 사람들이 앱에 대해 더 많이 알고 싶어 하는지 여부를 비롯해 당신의 광고가 소셜 미디어에서 얼마나 효과를 거두었는지 측정하는 방법이다. 소셜 미디어 광고를 통한 다음 단계로의 실제 유입이 없는 경우, 광고가 매력적인지 혹은 사용자에게 앱의 가치를 잘 제시하고 있는지 재고해야 한다. 더 나아가 앱 기반 사업은 협력 관계를 구축하여 상대방에게 먼저 가치를 제공할 때 큰 싱장을 경험할 수 있다. 푸도라 같은 음식 배달앱이 이 방법으로 고객에게 특정한 할인을 제공하도록 식당들을 설득할 수 있었다. 즉, 식당들은 새로운 매체를 통해 고객에게 노출되는 이익을 먼저 얻고, 고객들은 주문에 대한 할인 혜택을 누릴 수 있다. 한편, 음식 배달앱은 앱을 시험할 초기 사용자를 확보하는 어마어마한 이점을 갖게 된다. 판촉 수단으로 가치를 선불로 제공하는 또 다른 예로 **서프**가 초기 사용자에게 제시한 것을 들 수 있다. 회사는 시험 단계에서 초기 사용자들이 앱을 둘러보고 다운로드 해서 사용할 때 사용자가 이익을 얻어갈 수 있는 모범 사례 가이드를 제공했다. 이렇게 사전에 가치를 제공함으로써 **서프**는 초기 사용자와 보다 의미 있는 관계를 구축했고, 이들도 마찬가지로 앱에 대한 적절한 고객 평가를 회사에 제공했다.

🎯 성공의 측정

지금까지 여러 차례의 고객 평가를 활용해 시장의 요구를 최대한 충족할 수 있는 지점까지 제품을 지속적으로 개선하는 일을 논의했다. 다음 단계는 그 과정에서 우리가 얼마나 잘하고 있는지를 측정하는 것이다. 어떤 사업이든 중요하다고 생각하는 핵심성과지표(KPI: Key Performance Indicators)를 설정하는 것이 중요하다.[2] 먼저 고객 참여를 분석하는 것이 좋다. 선택한 플랫폼에 따라 다르겠지만, 최소기능제품의 현재 가치를 인식하고 그것이 고객에게는 어떤 가치가 있는지를 예측하는 데 고객 참여 분석이 필요하다. 사용자가 제품의 어떤 기능들을 가장 자주 사용하고 유용하게 여기는지를 살펴보라. 이를 분석하면 반대로 사용자에게 덜 중요한 기능에 대한 정보도 얻을 수 있고 고객이 진정으로 공감하는 측면을 파악하여 이러한 핵심 기능에 집중할 수 있다. 최소기능제품의 성공을 측정하는 또 다른 핵심성과지표는 사용자가 제품과 함께 보내는 시간이다. 사용자가 만족스러운 시간을 보냈는지, 최소기능제품을 전반적으로 탐색하는 데 너무 오래 걸리는지, 혹은 사용자가 제품에서 핵심적 이점을 충분히 빨리 얻을 수 있는지 여부도 핵심성과지표일 수 있다. 이상적으로는 제품 사용을 시작한 첫 1분 이내에 핵심 기능을 파악하거나 제품에서 이점을 얻을 수 있어야 한다. 고객이 제품을 한 번만 사용하고 다시는 사용하지 않는다면 무언가 문제가 있을 수 있다는 뜻이므로 고객이 최소기능제품을 몇 번이나 다시 사용하는지 확인하는 것도 성공을 측정하는 데 필수적이다. 이러한 핵심성과지표들은 제품을 사용하는 고객으로부터 통찰을 얻어내는 능력에 따라 다르게 측정된다. **서프**를 비롯한 데이터 분석 회사들은 당신의 제품을 가장 많이 사용하고 그에 관여하는 고객을 이해할 수 있는 자료를 제공하여, 특정 고객군에 집중해 제품에 관한 통찰력을 얻을 수 있도록 돕는다. 얼리어답터가 분류되면, 그들을 설문해 최소기능제품이 얼마나 잘 기능하고 있는지를 평가하는 기초로 핵심성과지표를 사용하는 것이 일반적이다.

🎯 당장 시작하라

여기까지 읽고 있는데도 어디에서부터 최소기능제품을 시작해야 할지 구체적으로 감이 오지 않을 수 있다. 중요한 것은 멋있어 보이는 것이 아니라 실행이다. 기업가에게는 '완벽한 제품'을 만드는 능력이 아니라 먼저 시장에 출시하고 개선하는 행동력이 필요하다! 시장에서 가장 사랑받는 제품을 만들겠다거나, 첫 번째 시도만에 완벽한 제품을 만들겠다는 생각은 하지 말자. 당신에게 도움을 줄 성공한 기업의 사례를 소개한다.

드롭박스- 창의력 발휘

파일 공유 및 저장을 위한 클라우드 기반 솔루션인 드롭박스를 살펴보자. 현재는 기업 가치가 미화 120억 달러를 넘었지만[3] 사업을 막 시작한 시기의 모습은 지금과 거리가 멀었다. 설립자들이 투자자에게 사업 아이디어의 실행 가능성을 입증하고 관심을 끌려면 먼저 고객이 서비스에 대가를 지불할 것인지 확인해야 했다. 그러나 실제 제품을 개발하기까지는 많은 시간과 비용이 소요될 것이었고 설립자들에게는 그 두 가지가 충분하지 않았다. 그래서 그들은 드롭박스의 개념을 설명하는 3분 길이의 영상으로 최소기능제품을 만들었다. 이 짧은 영상은 고객 등록을 1,400퍼센트 증가시키며[4] 제품을 출시하기도 전에 시장 수요를 입증했고 투자자에게 충분한 확신을 제공했다. 드롭박스의 최소기능제품에 대한 소문은 스티브 잡스의 귀에까지 들어갈 정도로 관심을 끌었고, 회사는 총 2억 5천만 달러의 투자금을 모았다![5]

이 사례는 신속하고 재치 있게 행동하라는 교훈을 준다. **드롭박스**의 설립자들은 제품의 원형을 만드는 것이 불가능하다는 판단을 내렸을 때, 창의력을 발휘하여 동영상 제작으로 장애물을 극복하고 소비자에게 다가갈 수 있는 기회로 삼았다.

고객 평가

Y 콤비네이터의 제프 랄스톤Geoff Ralston과 마이클 세이벨Michael Seibel은 제품 제작과 사용자와의 대화, 이 두 가지가 창업자의 일이라고 했다.[6] 특히 최소기능제품을 배포하고 사용자를 찾는 시점에 있는 창업자들은 가능한 한 많은 사용자와 직접 대화해야 한다. 이는 불편하고, 어색하고, 답답하고, 느리게 진행되는 과정일지도 모른다. 그러나 사용자를 직접 만나는 것은 회사 설립 초기 단계에서 할 수 있는 가장 가치 있는 일이다. 페이스북에 15달러짜리 광고를 올려 1,000명에게 노출하고 그중 일부를 신규 사용자로 확보하는 쪽이 훨씬 쉽겠지만, 이런 방법으로는 그들이 왜 당신의 사업에 관심을 갖는지 제대로 이해할 기회가 없다. 창업자가 가정한 것과 완전히 다른 이유로 고객이 솔루션을 채택하는 경우도 많은데, 소셜 미디어 광고를

통해 유입되는 고객으로부터는 기업이 고객에게 제공하려는 가치와 고객이 실제로 제품이나 서비스에서 얻고 있는 가치가 일치하는지를 확인하기가 훨씬 더 어렵다.

회사 **오팀**을 세우는 동안 우리는 개인의 심리적 안정을 추적할 수 있다는 점이 고객에게 호소력 있게 다가갈 가치라고 예상했는데, 실제로 고객들은 심리적 안정을 통한 직장에서의 성과 향상에 더 가치를 두고 있음을 발견했다. 이러한 차이를 인식하고 우리는 안정감 외에 다른 심리적 상태를 측정하는 도구를 추가하는 것보다, 사용자의 심리적 안정이 업무 성과에 미치는 영향을 살펴보는 기능을 개발하는 일에 우선순위를 두었다. 즉 우리가 생각한 사용자의 요구가 아니라, 실제 사용자의 요구를 구축하는 데 시간을 투자한 것이다.

사업 초기에는 특히, 최대한 많은 사용자를 확보하는 것이 아니라 당신의 제품을 진정으로 사랑하는 사용자를 확보하고 그들이 당신의 제품을 사랑하는 이유와 그러한 강점을 계속 발전시킬 방법을 고민하는 것이 중요하다. 그러니 광고는 잠시 미루고 밖으로 나가 사용자와 이야기하라. **오팀**을 개발할 때, 우리는 근처에 있는 공유 사무실에 가서 주방에 있던 무리에 다가가 잠깐 이야기를 나눌 수 있냐고 물은 적도 있다. 이렇듯 우리가 초기에 활용한 유일한 측정 항목은 얼마나 많은 사용자와 대화했는가였지, 얼마나 많은 수익을 냈는지(당시에는 수익이랄 것도 없었지만), 실제 사용자가 몇인지, 혹은 제품에 얼마나 많은 기능을 넣었는지가 아니었다.

알베르트 아인슈타인은 "광기는 같은 일을 계속 반복하면서 다른 결과를 기대하는 것이다."라는 명언을 남겼다. 최소기능제품은 당신이 그런 광기에 빠지지 않고, 점점 더해지는 고객 평가를 이끌어내 솔루션을 개선할 새로운 관점을 수집하는 데 엄청난 도움을 줄 것이다(결과가 좋든 나쁘든, 이것은 일이 진행되고 있다는 뜻이다). 특히 고객 평가를 모을 때는 올바른 질문을 던져 사용자 입장에서 최소기능제품의 장단점이 무엇인지 최대한 알아낼 수 있도록 하라. 스타트업 관련 블로그 '그래스호퍼 허더Grasshopper Herder'의 운영자인 트리스탄 크로머Tristan Kromer는 트위터에서 "반응 없는 고객은 소금물을 마시는 것과 같다. 목이 말라 죽을 것 같은 순간에는 만족스럽겠지만 궁극적으로는 치명적이다."[7]라고 말한 적이 있다. 고객과 고객 평가는 함께 가야 한다. 가족과 친구들이 당신을 지원한다는 뜻으로 당신이 만든 티셔츠를 입는 것만으로는 충분한 고객 평가가 될 수 없다. 초기 원형에 대한 유용한 통찰을 얻을 수 있도록 유도된 답이 나오지 않으면서도 제품과 밀접힌 관련이 있는 질문을 해야 한다.

다음은 가능한 질문 목록이다.

- 이 제품을 가지고 가장 먼저 하고 싶은 일은 무엇입니까?

- 개인적으로 눈에 띄는 기능은 무엇입니까?

- 어떤 기능을 사용하고 싶지 않은가요?

- 이 제품은 직관적으로 탐색할 수 있습니까?

- 이 제품의 목적이 무엇이라고 생각하나요?

- 지금 당장 이 제품을 구매하시겠습니까?

마지막 질문에 대한 대답이 '아니요'라면 가상으로나마 제품을 변경할 수 있는 권한을 고객에게 주고 평가를 이어간다. '제품에서 무엇을 바꾸면 고객들이 구매하고 싶어 할까요?'를 묻는 것이다. 여기서 핵심은 고객이 최소기능제품에 대해 가진 생각을 진실하고 객관적으로 풀어내는 것이다.[8] 제품과 사용자 간의 관계를 깨닫기 위해서는 정해진 수식에서 벗어나야 한다.

시장에 최소기능제품을 내놓기 주저하는 이유는 대부분, 좋지 않은 평가를 받을지 모른다는 불안 때문이다. 시장에서 내 제품의 가치를 보지 못하면 어떻게 할까? 이 상황을 전제로 앞으로 나아가는 두 가지 방법이 있다.

1 '바로 이러려고 최소기능제품을 만든 것이다!'라는 마인드 가지기. 평가가 좋지 못하다면 사람들이 내 제품에 대해 가지는 오해와 다양한 소통 채널에서 내 아이디어를 더 정확하게 전달할 방법을 파악해 제품을 개선할지, 아니면 아예 제품의 용도를 전환할지 고려하면 된다. 또 하나의 방법은,

2 '다른 회사에서 비슷한 제품을 출시할지도 모른다!'라고 생각하기.

고객이 알아주지 않는다는 이유로 내 최소기능제품을 발표하는 것을 망설이고만 있는다면 그 사이 다른 누군가가 비슷한 제품을 출시할 가능성이 있다. 당신의 경쟁자는 당신이 등판할 때를 기다리고만 있지는 않을 것이다!

1 Anon (2015) Recommendations from friends remain most credible form of advertising among consumers; branded websites are the second-highest-rated form, Nielsen, https://www.nielsen.com/eu/en/press-releases/2015/ recommendations-from-friends-remain-most-credible-form-of-advertising/ (archived at https://perma.cc/ AB5L-TF6X)

2 Robles, P (2012) The what and how of minimum viable products, Econsultancy, https://econsultancy.com/the-what-and-how-of-minimum-viable-products/ (archived at https://perma.cc/3T93-R43S)

3 Anon (2021) Dropbox Net Worth 2016-2021 | DBX, Macrotrends, https://www.macrotrends.net/stocks/charts/DBX/ dropbox/net-worth (archived at https://perma.cc/92WM-J4F5)

4 Chang, L-X (2019) The Dropbox Story, Retold, Issuu, https:// issuu.com/jumpstartmagazine/docs/april-issuu-final/s/94479 (archived at https://perma.cc/LGF3-RQ64)

5 Yakowicz, W (2013) Why Dropbox's founders said no to Steve Jobs, Inc.com, https://www.inc.com/will-yakowicz/why-dropbox-founders-said-no-steve-jobs.html (archived at https://perma.cc/3M5H-F9W6)

6 Ralston, G and Seibel, M (2018) YC's essential startup advice: becoming a founder, early stage, talking to users, Y Combinator, https://www.ycombinator.com/library/4D-yc-s-essential-startup-advice (archived at https://perma.cc/B2L9- A9CR)

7 Kromer, T (2014) How to build a minimum viable product? Kromatic, https://kromatic.com/blog/the-four-parts-of-a-minimum-viable-product/ (archived at https://perma.cc/ MN5U-46BE)

8 Lanoue, S (2015) 4 reasons why you should user test your product early and often, UserTesting, https://www.usertesting. com/blog/4-reasons-why-you-should-user-test-your-product (archived at https://perma.cc/L9FX-2H5Y)

7장

발전

회사의 발전은 제품 개발과 목표의 개발, 이 두 가지 형태로 이루어진다.

⊙ 제품 개발

이제 최소기능제품을 다음 개발 단계로 가져가 최종적인 개선을 할 때이다. 지금껏 당신은 최소기능제품을 만들고, 검증하고, 사용자로부터 평가와 데이터를 수집했다. 가장 단순한 버전의 최소기능제품은 자신에게 던진 다음 세 가지 기본 질문에서 비롯한 것이다.

- 이 제품이 해결하려는 문제가 존재하는가?

- 그 문제는 충분히 중요한가?

- 그 문제를 해결할 수 있는가?

가장 단순한 버전의 최소기능제품을 만들려면 핵심적인, 즉 없어서는 안 되는 기능에만 집중해야 한다. 80퍼센트의 결과를 만들어낼 수 있는 20퍼센트의 작업은 무엇인가? 이것을 파악하면 최소기능제품에 넣어야 할 핵심 기능과, 추후 당신이 자리를 잡은 다음에 추가할 수 있는 '있으면 좋은' 기능을 명확히 구분하게 될 것이다. 이제 기능의 우선순위를 정하고 개발할 시간이다.

우버 테크놀로지스가 최소기능제품에서 사용자에게 소개하여 성공적인 출시를 이끈 기능을 살펴보자. 등록과 로그인, 예약, 위치 서비스, 두 지점 간 길 찾기, 푸시 알림 및 가격 계산의 총 여섯 가지 기능이 있었다. 믿을 수 있는가? 그 유명한 **우버**조차도 한정된 기능의 최소기능제품으로 시작하여 소규모로 창업을 하고 고객의 평가를 받는 것에 중점을 두었다. **우버**는 최초에 넣은 소수의 기능으로 서비스에 열광하는 얼리어답터의 모임을 만들고 고객 기반을 넓힐 수 있었다. 사용자에게 가장 큰 가치와 효용을 제공하는 기본 기능에 중점을 두고, 더 많은 예산과 입증된 시장 수요가 생겼을 때 덜 필수적인 기능을 추가한 것이다.

우리는 **서프**의 공동창업자이자 최고운영책임자(COO: Chief Operating Officer)인 아니크 클러Aanikh Kler와 인터뷰를 진행하여 올바르게 제품을 개발하는 방법에 대한 조언을 구했다.

Q. 최소기능제품을 가지고 제품의 첫 번째 시험판을 만드는 가장 좋은 방법은 무엇인가?

A. 최소기능제품에서 첫 개선판 또는 첫 시험판(Version 1, 이하 V1)으로 이동하는 것은 매우 중요한 과정이라고 생각한다. 기업가들은 보통 최소기능제품 단계에서 가치 있는 평가를 받았고, 그 다음에는 제품이 시장에 내놓을 만하고 확장 가능할 거라고 여겨질 정도의 변화를 모색한다. 여기서 큰 문제는 V1 단계에서 세부 사항을 넣고 완벽한 제품을 만드는 데 과도하게 집착하는 것이다. 나는 신속하게 원형을 만들고 개선하는 것이 중요하다고 생각한다. 물론 처음부터 훌륭한 제품을 내놓고 싶겠지만, 창업자가 작은 일에 집착하면 현실 세계의 평가와 결과를 얻을 수 있는 귀중한 시간을 잃을 수 있다. 아무도 처음 생긴 회사의 제품에 결함이 전혀 없을 것이라고 기대하지 않는다. 고객과 견고한 관계를 형성하고 건설적인 비판을 받아들이라. 사용자로부터 평가를 받고 빠르게 변화할 수 있는 탄력적이고 적응력 있는 팀을 구성하라. 특별한 공식은 없다. 서로 다른 팀들은 V1을

출시할 때 제각각 다른 단계와 성공 수준에 있을 것이다. 그러나 그들 중 일부는 정말로 시장이 필요로 하는 제품을 만들 때까지 고객의 반응을 구하고 다시 개선하고 빠르게 시장에 진입한다.

Q. 사용자 버전 혹은 베타 테스트 버전을 만들 때 가장 중요한 점은 무엇인가?

A. 내 생각에 초기 시험 단계에서 창업자가 최우선으로 할 일은 가장 많은 고객 평가를 얻을 수 있다고 생각하는 질문들을 만드는 것이다. 질문이 만들어지면 일단은 넣어 두었다가 마지막에 다시 열어 보기로 하고, 먼저 외부 사용자의 평가에 집중하라. 시험에 참여하는 이들을 다양한 '소비자 유형'으로 분류하고 각각의 특징과 반응을 확인한다. 각 집단이 중요시하는 것과, 모두를 만족시키거나 괴롭히는 공통점을 찾는 것이다. 이 평가를 실천적 행동이나 신념에 투입하라. 그런 다음 당신이 초기에 만든 질문으로 돌아가 그것이 시험 참여자들의 의견과 얼마나 밀접하게 일치하는지 확인하라. 당신과 그들은 종종 같은 질문을 했겠지만, 창업자로서의 편견 때문에 당신은 구하지 못했던 답을 시험 참여자들은 찾았을지도 모른다. 모든 초기 단계 시험의 주된 목표는 창업자나 내부의 팀이 아닌 고객의 순수한 반응을 이끌어내는 것이다.

Q. 이러한 사용자 시험에는 누구를 참여시켜야 하는가?

A. 당신이 목표로 하는 고객군에 속하는 사람들과 목표 고객군 바로 바깥에 있는 사람들이 참여하는 것이 가장 좋다. 이상적으로는 바로 첫날에 실천적인 제안을 할 수 있는 사람들을 데려오고 싶을 것이다. 그러나 범위를 살짝 벗어난 사람들로부터도 평가를 얻을 수 있다면 더 높은 시장 점유율을 확보할 훌륭한 통찰과 아이디어를 얻을 수도 있다.

Q. 사용자 시험 중에 어떤 질문을 해야 하는가?

A. 최고의 질문을 만들기 위한 왕도는 없다. 사례별로, 또는 가장 많은 고객 평가가 필요하다고 생각되는 영역별로 질문을 달리해야 한다. 사용자 인터페이스(UI), 사용자 경험(UX) 및 기능과 관련된 질문은 모두 다르며 대단히 이로울 수 있다. 중요한 것은 팀이 결정을 내리고 업데이트를 할 때 도움이 되는 질문을 하는 것이다. 고객추천지수(NPS: Net Promoter Score)를 묻는 것은 늘 좋다. 많은 사람들이 '사탕발림식 응답'을 하겠지만, 그들이 속한 분야의 다른 사람에게 제품을 추천할 의향을 묻는 것은 종종 더 진실한 답변으로 이어진다. 제품을 만들수록 나는 이 질문이 얼마나 중요한지를 깨달았고, '추천할 것인가?'에 '예'라는 응답을 받는 것이 자연스러운 추천의 연결망을 만드는 데 얼마나 강력한 의미가 있는지도 알게 되었다.

아니크와의 이 대화에서 사용자 시험이 고객 지향적으로 제품의 V1을 개발하는 데 가장 중요하다는 것이 분명히 드러난다. 당신의 제품을 사용자의 관점에서 만드는 데 도움을 주는 또 다른 전략은 소비자가 경험할 제품 구매의 여정을 처음부터 끝까지 그려보는 것이다.

고객의 구매여정을 활용해
최소기능제품의 기능에 우선순위를 두기

고객의 구매여정을 처음부터 끝까지 파악하면 당신이 넣고 싶은 기능과 넣어야만 하는 기능에 대한 힌트를 얻을 수 있다. 원하는 결과를 얻기까지 고객이 취해야 하는 행동은 무엇인가? 예를 들어, 음식 배달앱을 만드는 경우 30분 안에 음식이 집 앞에 배달되게 하려면 고객은 몇 차례의 단계에서 몇 번의 입력을 해야 할까? V1의 강조점은 여전히 시장에 진입하여 '빠르게' 고객에게 다가가는 것이므로, 이 단계의 최종 버전에는 당신이 펼쳐 보이려는 모든 특징과 기능을 넣지는 않을 것이다. 다만, 모든 기능들을 확인하고 그 기능을 사용함으로써 고객이 얻는 가치를 목록으로 작성힐 것을 추천한다. 그렇게 하면서 다음의 목록을 통해 우선순위를 부여할 기능을 결정한다.

- **필수 기능**: 반드시 있어야 하는 기능은 무엇인가?

- **있어야 할 기능**: 어떤 기능이 있어야 한다고 생각하는가?
- **있을 수도 있는 기능**: 어떤 추가 기능이 고객에게 부가적인 가치를 제공할 것인가?

이를 통해 어떤 기능이 가장 큰 가치를 더하는지 명확해질 것이다. 고객이 목표를 달성하는 데 절대적으로 필요한 기능들을 만드는 데 우선순위를 두어야 한다. 최소기능제품의 V1에서 모든 '필수 기능'을 완성한다. 일이 제대로 진행되면 필수는 아니지만 사용자 경험을 더해주는 '있어야 할 기능'을 도입할 수 있다. 그런 다음 제품의 마지막 단계에서 창의력을 발휘하여 당신이 원하는 '있을 수도 있는 기능'을 추가한다. 이것은 제품이나 서비스를 다음 단계로 끌어올리기 위한 마지막 손길이다. 제품, 특히 모바일 앱을 개발할 때는 기능에 세심한 주의를 기울여야 한다. 한 설문 조사에 따르면 응답자 3,500명 중 약 80퍼센트가 앱이 첫 번째 시도에 잘 작동하지 않을 경우 한두 번만 재시도해 보겠다고 답했다.[1]

🎯 목표의 개발

목표를 개발하는 것은 팀이나 제품을 개발하는 것만큼이나 회사의 성공에 중요한 역할을 한다. 어디로 향할 것인지 신중한 목표가 있는 회사는 그 목표에 도달하기 위해 어떤 단계를 거쳐야 하는지 더 잘 파악할 수 있다. 회사의 목표는 직원들을 고취하고 투자자를 참여시키는 데 도움이 된다. 목표를 형성하는 한 가지 방법은 사업 모델 캔버스를 만드는 것이다. 사업 모델 캔버스를 사용하면 기존 사업 계획과 비교하여 특정한 차이를 제시하는 사업의 마인드맵을 만들 수 있다. 그것은 회사를 기본적인 요소들로 구분하여 사업을 시각화해 보여준다. 이러한 요소에는 주요 파트너, 주요 활동, 핵심 자원, 가치 제안, 고객 관계, 의사소통 통로, 고객군, 비용 구조 및 수익이 포함된다. 사업 모델 캔버스는 목표를 결정하고 명확히 하는 데 도움이 되는 몇 가지 질문과 각 측면에 대한 간단한 구획도를 제공한다. 이와 비교해 사업 계획은 사업 전략과 개념을 외부 투자자에게 호소력 있게 작성한 문서이다. 그것은 회사의 목표, 그 달성 방법, 달성에 필요한 기간 등을 더욱 구체적으로 제시한다. 사업 모델 캔버스의 또 다른 큰 이점은 현재의 약점과, 수익성을 높이는 일이 얼마나 현실적인지를 보여줄 수 있다는 것이다. 곧이어 볼 항목들 중에서 쓸 내용이 구체적으로 생각나지 않는 경우가 있다면(수익의 흐름은 아직 없을 수 있다), 사업의 어떤 영역을 파악해야 빈 공간을 채울 수 있는지 알게 될 것이다.

다음은 사업 모델 캔버스의 각 측면에 대한 설명이다.

1 **고객군**: 상위 3개 고객 집단을 나열한다(가장 많은 수익을 제공하는 집단 찾기).

2 **가치 제안**: 당신은 경쟁자와 어떻게 다른가?

3 **수익원**: 상위 3개 수익원을 나열한다.

4 **소통 통로**: 고객과 어떻게 소통하는가? 회사의 가치를 어떻게 전달하는가?

5 **고객 관계**: 어떤 종류의 고객 관계를 육성하고 싶으며 그것을 어떻게 유지할 것인가?

6 **주요 활동**: 사업을 운영하기 위해 매일 무엇을 하는가?

7 **핵심 자원**: 사업을 운영하는 데 필요한 사람, 지식 및 자금을 나열한다.

8 **주요 파트너**: 그들 없이는 사업을 수행할 수 없는 파트너들을 나열한다(공급업체는 제외).

9 **비용 구조**: 가장 많이 드는 비용들을 나열한다.

회사의 목표를 명확히 하는 데 도움이 되는 또 다른 틀은 '6개월 단기 계획'이다. 향후 6개월 동안의 사업 궤도를 정의하기 위한 짧은 계획으로, 3개월(또는 분기)마다 이를 업데이트하여 목표가 회사의 현재 진행 상황과 일치하도록 하는 것이 좋다. 스위시는 처음에 단순히 종이 한 장을 가져와 회사를 마케팅, 재무, 인사, 제품, 영업 및 법무와 같은 명확한 부서로 나누었다. 이 각 부서 아래에는 두 개의 범주가 있다. 지금 우리는 어디에 있는가, 그리고 우리는 어디로 가고 싶은가. 그는 이런 방식으로 단기 계획을 수행했다. 현재 상황과 회사가 6개월 이내에 도달하기를 원하는 다음 목적지를 눈으로 볼 수 있게 표현하면, 그 목표를 달성하기 위해 어떤 조치를 취해야 하는지가 더욱 명확해진다.

목표 설명하기

스페이스엑스의 설립자 일론 머스크Elon Musk는 처음부터 회사에 대한 뛰어난 목표를 가졌던 인물이다. 당신의 목표 영역을 누구나 이해할 수 있는 방식으로 설명하는 것은 매우 어렵다. 우주 탐사처럼 평범한 사람에게는 낯선 회사의 목표를 설명한다고 생각해보라. 머스크는 대중이 항공우주 관련 제조 및 운송 서비스 회사인 **스페이스엑스**에 쉽게 다가올 수 있게 노력했다. 그는 회사의 전제가 다른 기관에 비해 훨씬 낮은 수준의 비용으로 우주 탐사 서비스를 제공하는 것이라고 말했다. 회사의 목표는 언젠가 사람들을 화성으로 보내고, 우주여행이 '비행기에 타는 것만큼 쉽다'고 생각하게 만드는 것이다.[2] 머스크는 지난 10년 동안 항공우주 공학의 발전으로 **스페이스엑스**의 솔루션이 탄생할 수 있었던 것에 반해, **오비탈 사이언시스**와 같은 경쟁자는 아직도 1960년대부터 써온 순전히 기계적인 부품에만 의존하고 있음을 강조한다.[3] **스페이스엑스**는 미 항공우주국 NASA와의 계약을 통해 'NASA 우주비행사를 국제 우주 정거장에 왕복 운송하는' 시스템을 설계하고 있다. 무인 우주선을 그곳에 보내는 데 이미 성공한 것은 회사가 궁극적인 목표에 가까이 가기 위해 계속해서 진보하고 있음을 보여준다. 머스크가 **스페이스엑스**의 목표와 관련해 한 일은 모든 설립자가 회사의 목표를 개발할 때 따라야 하는 공식과 궤를 같이한다. 그는 주요 활동(우주여행)을 수행하기 위한 솔루션을 제공하면서 이를 대부분의 사람에게 친숙한 활동(비행기 탑승만큼 쉬운)과 비교한다. 그런 다음 이 솔루션에 대한 열망을 뒷받침하는 새로운 경향(기술적, 경제적, 사회적)과 그것을 가능한 현실로 만든 최신 역사의 이정표들을 인용한다. 그는 또한 특정한 문제들(착륙 문제, 관료적 의사 결정)을 극복하고 나면 겉보기에는 별 대가가 없는 **스페이스엑스**의 목표(사람들을 우주로 데려가는 것)가 얼마나 고무적인 결과를 낼지 제시한다. 전체 목표는 현재 허용되는 운영 수단의 단점을 해소하기 위한 대안으로 요약된다(머스크는 미국 납세자들이 **스페이스엑스**를 통해 연간 '최소 10억 달러'를 절약하게 될 것이라고 말했다). 목표 개발을 위한 이 모델[4]은 회사의 목적을 외부에 명확히 전달하고, 내부에서는 목표를 달성할 수 있도록 실행에 집중할 수 있게 돕는다.

위대한 창업자들이 자신의 목표를 제시하는 방법:
설정의 뼈대[5]

1 우리의 목표는 _____[주요 활동]이고, 그것은 _____[유용한 비교 대상]만큼 쉽다.

2 지난 10년 동안 우리는 _____[관련된 추세]를 보았다. 이러한 추세는 이제 _____[기술의 급속한 발전, 규제 또는 경쟁 이정표]로 인해 가속화될 예정이다.

3 _____[최소한의 사용자 인입]으로 _____[고무적인 결과]를 달성할 수 있다고 상상해 보라. _____[회사에서 개발해야 할 중요한 영역]을 완성하는 즉시 우리는 이를 실제로 제공할 수 있다.

4 이것이 가능하게 되면 우리가 접근 가능한 시장은 _____[현재 고객 부문]에서 _____[더 큰 잠재 고객 부문]까지 급격히 열린다.

5 결국 우리는 _____[현상 유지의 부당함]을 제거할 수 있다. 그리고 그것이 우리가 추구해야 한다고 믿는 목표이다.

회사에 대한 기대치 설정

설립자로서 당신은 사업에 대한 기대치를 설정하고 어디에서 그것을 확보할지 결정해야 한다. 언젠가 회사를 매각하기 바라는가? 회사를 공개하고 주식 시장에서 투자자를 만나고 싶은가? 과정을 진행하면서 기대치를 조정하는 것은 너무나 당연하다. 기대치는 시간이 지남에 따라 변하는 것이기 때문이다. 당신은 실리를 추구하고 사업의 특성을 기대치에 반영해야 한다. 예를 들어, 인구 2,000명의 작은 마을에서 연회 제공 서비스를 시작한다면 사업 2년차에 백만 달러의 수익을 올리는 것은 비현실적인 기대이다. 높은 기대치를 가질 수는 있겠지만 첫해에 백만 달러짜리 회사를 세울 목표로 기업을 시작한다면 당신은 이미 망한 것이나 다름없다. 회사에 대한 기대치를 설정할 때에는 매일 조금씩 업무를 진척시켜야 한다는 것을 명심하라. 성공적인 회사는 모두 시장에 적합한 제품을 개발하는 것으로 시작하여 당신과 회사를 적극적으로 보증할 이삼백 명의 브랜드 홍보대사를 찾는 방향으로 나아간다. 이것이 진정한 기대치를 설정하는 과정에 추구해야 하는 일이다. 시장에 맞는 제품을 만들고 초기 지지자를 찾는 방법은 일상적인 업무를 하며 보완될 것이다.

사업에 대한 기대치를 설정하는 것은 추진에 동기를 부여한다. 모든 조치들은 기대치를 충족하기 위해 결정되는 것이다. 당신의 성격에 따라서는 이것이 사업 추진의 원동력이 될 수 있다. 그러나 일단 사업 구축을 위한 팀을 구성하면, 당신이 도달하려는 기대치가 과연 실현 가능한지에 대해 매우 신중해야 한다. 팀에 대한 불합리한 기대는 시간이 지남에 따라 성과가 좋은 직원의 의욕을 떨어뜨릴 수 있다. 예를 들어, 한 달 동안 사상 최고치인 1만 달러에 도달한 영업팀에게 다음 달에는 2만 달러라는 목표가 곧바로 주어졌을 때 그들이 어떻게 느낄지 생각해 보라. 이전에는 달성할 수 있었던 목표를 다시 달성하지 못하거나 회사를 정체 상태로 만들 수도 있다. 당신의 비현실적인 기대로 좋지 않은 경험을 한 직원은 당신에 대한 신뢰를 잃을 수 있으며 결과적으로 회사에 마음이 떠날 것이다. 《허핑턴 포스트Huffington Post》 기사에 따르면 X, Y 세대 직원의 55퍼센트는 회사 업무에 있어 개인적인 만족이 충족된다면 급여를 희생할 수 있다고 말했다.[6] 이는 우리가 동기 부여가 주도하는 세상에 살고 있다는 뜻이다. 직원의 의욕이 꺾이지 않도록 신경 쓰라. 그렇지 않으면 해로운 반동이 생길 수 있다.

회사에 대해 설정한 기대치는 또한 투자자와의 관계에도 영향을 미칠 수 있다. 당신은 투자자에게 당신의 목표가 합당하고, 자원이 주어지는 한 회사가 목표를 달성할 능력이 있다는 확신을 주기를 바란다. 투자자들은 회사를 새로운 차원으로 끌어올리는 데 필요한 시간을(아이디어를 전환하는 데 필요한 사항들 또한 마찬가지) 알고 있기 때문에 그들에게 허세를 부리지 말고 회사에 대한 당신의 기대치를 투명하게 공개하는 것이 가장 좋다. 그렇지 않으면 많은 이들의 호의를 잃을 위험이 있다. **서프**를 투자자들에게 처음 공개할 때 설립자 스위시와 아니크는 회사를 수십억 달러 가치의 소셜 인텔리전스 플랫폼으로 소개하지 않았다. 대신 그들은 수익성을 위해 필요한 기술 지식과 기업가 경험을 갖춘 매우 유능한 팀이 세운 회사라는 점을 분명히 전달했다. 기대치를 과도하게 부풀리거나 불투명하게 제시하지 않으면서 투자자에게 목표를 보여준 것이다. 불합리한 기대를 가지고 사업을 구축하면 결국 직원과 투자자 모두 창업자에 대한 신뢰를 잃을 수 있다는 것을 기억하라.

1 Shalev, K (2015) Your minimum viable product is doomed without this, Entrepreneur, https://www.entrepreneur.com/ article/242423 (archived at https://perma.cc/672U-BDKJ)

2 Koren, M (2019) SpaceX has starry-eyed ambitions for its starship, The Atlantic, https://www.theatlantic.com/science/ archive/2019/09/elon-musk-spacex-starship/599065/ (archived at https://perma.cc/TF96-WN3H)

3 Anderson, C (2012) Elon Musk's mission to Mars, Wired, https://www.wired.com/2012/10/ff-elon-musk-qa/ (archived at https://perma.cc/E3CY-FJWS)

4 Bailey, D (2019) How great founders present their vision, Medium, https://medium.dave-bailey.com/how-great-founders-make-their-vision-sound-inevitable-4dadb232aae7 (archived at https://perma.cc/D576-KYBS)

5 Ibid

6 Leibow, C (2014) Work/life balance for the generations, HuffPost, https://www.huffpost.com/entry/worklife-balance-for-the-_1_b_5992766 (archived at https://perma.cc/3NXF-FHC9)

8장

출시와 아이디어 마케팅

    당신은 제품을 만들고, 팀에 동기를 부여하고, 바빠서 라면으로 끼니를 때우며 완벽한 출시일을 마음속에 그려왔다. 그러나 장담하건대, 제품이나 서비스를 출시한 후 발생하는 광란을 완전히 대비할 수 있는 방법은 없다. 당신은 이제 우리가 가장 좋아하는 단계에 진입한다! 제품을 출시하는 것은 '큰 성과'이며, 당신의 머리를 스쳐 지나는 생각을 시장에 내놓을 수 있는 실물로 전환하기 위해 투자했던 모든 노력과 고된 노동에 대한 진정한 증거이다.

🎯 시기를 (신중히) 생각하라

출시 날짜는 합리적으로 정해야 한다. 팀을 준비시키고 마케팅 자료를 준비하고 백업 팀이 잠재적인 고객 유입을 처리할 수 있는 원활한 흐름을 만들기 위해서는 충분한 시간이 필요하다. 당연히 생각해야 할 것도 많은데, 이때 기업가가 저지르는 대단히 위험한 실수는 이 과정을 빠르게 진행하고자 조바심을 내는 것이다. **지니스**의 사례를 보자.

지니스는 샌프란시스코에 기반을 둔 스타트업으로, 공동창업자 아카시 니갬Akash Nigam과 에번 로젠바움Evan Rosenbaum은 사람들의 성격과 외모를 복제한 아바타가 실시간으로 세상과 상호 작용할 수 있는 애플리케이션을 만들었다. 세계 최고의 유명인사, 벤처 펀드 및 기업가들이 여기에 2,300만 달러 이상을 투자했고[1] 출시까지는 3년이 걸렸다. 그들은 출시를 서두르면 경쟁자에게 회사의 '비밀 소스'를 노출하게 되고, 사용자를 유치하기 힘들다는 것을 알고 있었다. 장밋빛 미래를 상상하는 것을 말리고 싶진 않지만, 출시와 그 이후의 일만 생각하다가는 뒷일이 더 힘들어질 수 있다. 고대하던 출시가 혹 늦어지더라도 실망하지 않도록 좋은 소식 하나를 전하자면, 현재 당신은 고객으로부터 배움을 얻을 능력이 기하급수적으로 향상된 상태라는 것이다.

🎯 실수에서 얻은 교훈: 서프의 출시

서프를 출시할 때 우리는 제품과 회사의 홍보를 위해 온갖 디자인과 그래픽을 만들고 훌륭한 언론 공개 계획을 준비했다. 우리는 완벽하게 준비가 되어 있었고, 출시 날짜만 정하면 됐다. 하지만 실제는 생각과 달랐다. 제품이 완전히 갖춰질 때까지 기다리지 않고 언론 취재를 너무 일찍 진행하는 바람에 결국 출시 날짜를 5월에서 6월로(그리고 11월로…, 이듬해 2월로…) 미루어야 했다. 우리의 다양한 홍보, 언론 노출 등 모든 멋진 계획이 전부 틀어지고 말았다. 출시 계획을 너무 서둘러 진행한 탓이다.

출시기 임박했을 때 서두르지 마라!

언론의 관심이 뜨겁다거나 전해야 할 멋진 스토리가 있다고 해서 출시에 조바심을 내서는 안 된다. 출시는 제품이 준비되었을 때 한다. 이것이 본격적인 출시를 계획할 때 가장 중요한 (우리는 이제 잘 알고 있다!) 요소이다.

🎯 효과적인 출시를 계획하는 방법

제품을 성공적으로 출시하기 위한 계획의 첫 번째 단계는 팀 전체가 이 목표를 향해 나아가도록 하는 것이다. 출시 계획에 모두가 손을 잡고 있음은 출시가 모든 구성원에게 가장 중요하다는 의미이다. 각 구성원에게 고유한 역할을 지정해 끝까지 수행하게 한다. 예컨대 한 구성원에게 출시일의 운영을 조직하고 관리하는 역할을 맡긴다면 이 책임에는 장소를 예약하고 제품 출시 행사의 일정표를 만드는 것(그리고 각 일정이 완료되었는지 확인하는 것)이 포함된다.

출시 당일에는 많은 물류 작업이 이루어지며 이는 세부 사항에 특히 주의를 기울여야 하는 중요한 역할이다. 또한 출시 당일 제품이 오작동하지 않도록 책임질 팀원도 있어야 한다. 신생 회사의 경우 출발부터 외부 기관의 신뢰를 잃는다면 특히 치명적일 수 있는데, 제품 오작동은 불신을 유발하는 가장 확실한 방법이다. 출시 당일에는 스트레스로 인해 세세한 부분을 놓치기 쉬워서 충분히 피할 수 있는 일도 잘못되기 쉽다. 제품 오작동과 같은 사고에 당신 말고도 다른 팀원이 철저히 대비하고 있다는 마음의 평화가 당일의 압박감을 줄여줄 것이다.

출시를 홍보하는 마케팅 자료를 만들고 배포하는 일을 책임지는 구성원도 필요하다. 해당 팀원은 미디어 담당자에게 보도자료를 보내거나 온오프라인에서 배포하는 데 사용할 정보 그래픽을 만드는 일을 할 수 있다(마케팅 전략에 대해서는 나중에 자세히 설명한다). 이때 출시를 위한 마케팅 자료 담당은 구성원 한 명일 수도 있지만, 출시 소식을 전달하고 공유하는 것은 팀 전체가 함께 해야 한다(개인 소셜 미디어에 게시하거나 친구와 가족에게 출시를 알린다).

무엇이 훌륭한 출시와 잘못된 출시를 구분하는가?

성공적인 출시와 실패한 출시를 구분하는 것은 무엇일까? 과거의 주목할 만한 제품 출시 사례를 살펴보자.

훌륭한 사례

'루빅의 큐브Rubik's Cube'는 출시 즉시 인기를 얻은 장난감으로, 당신도 가지고 논 적이 있을지 모른다. 1980년에 세계적으로 유명해진 이 장난감은 1982년까지 1억 개가 판매되면서 퍼즐을 좋아하는 남녀노소의 사랑을 받았다.[2] 큐브는 원래 건축 설계학과 학생들을 위해 고안된 것인데, 처음 목적과는 달리 역사상 가장 많이 팔린 장난감이 되었고 세계적인 인기로 제품의 2차 시장(큐브 맞추기 대회, 큐브 맞추기 공략집 등)도 호황을 누렸다. 이 큐브의 발명가인 에르노 루빅Erno Rubik은 '혼돈에서 질서를 만들고자 하는 사회의 기본적인 욕구'와 제품이 가진 '단순함과 복잡성, 역동성과 안정성, 즐거움과 좌절 같은 기본적인 모순'이 만나 대단한 히트작을 만들었다고 했다. 그러나 제품 출시자들은 그 이상의 무엇을 알고 있었다. 이 제품은 인형과 트럭이 전부였던 당시의 장난감 시장에서 완전히 새로운 종류였던 것이다. 루빅의 큐브는 모든 사람이 직접 도전해 보고 싶어 하는 퍼즐이었고, 일단 집어 들면 한 번의 시도만으로는 멈출 수 없었다. 루빅의 큐브를 어디에서나 볼 수 있게 된 것은 바로 이런 고객을 끌어들이는 힘 때문이다. 이쯤에서 교훈을 정리하자. 제품이 새로 나오면 고객이 그것을 '계속해서' 쓰고 싶다고 여기게 만들어야 한다. 다시 말해, 사용할수록 제품이 고객의 마음을 장악해야 한다. 제품이 지닌 그런 측면을 출시와 함께(제품 시연이나 체험 행사 등의 다양한 시도들을 통해) 고객과 나누는 일은 대단히 중요하다. 이 목적이 성취된다면 당신의 제품 출시는 의도대로 진행된 것이다.

나쁜 사례

의도가 훌륭했던 제품의 출시도 회사의 야망에 찬 기대에 미치지 못하는 경우가 종종 있다. **코카콜라**가 2004년 '코카콜라 C2'를 발표했을 때도 그랬다. 이 음료는 20~40세 사이의 남성이 핵심 고객이었다. 회사에서 실시한 시장 조사에 따르면, 해당 고객층은 일반 콜라의 맛은 선호하지만 열량과 탄수화물 함유량에는 만족하지 않았다. 그래서 다이어트 콜라에 매력을 느끼기는 했으나 일반 콜라와 다른 맛, 그리고 '여성스럽다'는 이미지 때문에 다이어트 콜라를 즐겨 마시지는 않았다.[3] C2는 기존 두 제품의 절충안으로 개발되었고, 회사는 5천만 달러의 광고 예산을 배분하며 신제품에 대한 확신을 보여주었다. 하지만 이 제품은 불과 3년 만에 단종됐다. 남성들은 저칼로리 콜라에 반응하지 않았고, 탄수화물 섭취를 꺼리는 시장의 추세도 시간이 지남에 따라 빠르게 꺾였다.[4] C2가 회사의 제품 판매를 잠식하는(다른 제품 라인의 판매를 감소시키는) 것은 더욱 큰 문제였다. C2의 부정적인 영향으로 북미 시장에서 회사의 성장이 정체되었다. 이전 장에서 논의한 것처럼 최소기능제품의 시험은 정식 제품 출시 전에 필수이다. 그렇다면 **코카콜라**는 왜 최소기능제품 시험에도 불구하고 제품의 단점을 보지 못했을까? 본질적 이유는 회사가 사용자 시험을 충분히 구체적으로 수행하지 않았으며, 신제품에 투자하기 전에 유효한 수준이 수요가 존재하는지 여부를 확인하지 않았다는 데 있다. **코카콜라**는 여러 생산라인에서 받은 고객들의 반응을 통합했는데, 이는 핵심 대상 고객층이 진정으로 원하는 제품을 이해하기에 부적절했다. 세계적인 회사도 사용자 시험에서 물어야 할 질문에 실수를 한다. 여기서 창업자를 위한 교훈은, 제품 출시를 고려할 때 새 제품이 제공할 것과 업계에 현존하는 제품이 제공하는 것 사이에 결정적이고 구체적인 차이점이 있는지 확인하라는 것이다(출시할 때 이러한 차이점을 분명하게 전달하라). 또한 회사의 솔루션이 몇 년 동안 지속될 문제에 대한 것인지, 아니면 사회의 일시적인 유행에 대한 해답인지 자문해 보라. 회사의 제품이 후자의 범주에 해당한다면 그것이 일시적으로 수익을 가져올 수는 있겠지만, 거기에 얼마나 많은 재정이 투입되고 있는지 비교해야 한다.

최악의 사례

앞선 두 가지 상반된 제품 출시 상황을 보면, 제품 발매가 주문 증가나 신규 고객 유입으로 이어지는 정도에 따라 일반적인 출시의 성공을 측정할 수 있다. 그런데 이때, 회사가 급속한 성장에 대응할 방법은 종종 간과된다. 제품이 당신이 꿈꿔왔던 즉각적인 인기를 얻게 된다면, 새로운 수요의 유입을 지원할 인력과 자원이 있는가? 치명적인 전염병이었던 웨스트나일열의 유행 이후, **아메리칸 바이오피직스**는 이산화탄소 가스를 사용해 모기를 유인하고 가두는 '모기 자석'을 선보였다. 얼마 지나지 않아 이 제품은 홈디포Home Depot(미국의 주택 건축 및 유지보수용품 판매점) 및 기타 소매업체에서 베스트셀러가 되었고, 회사는 제조 운영을 로드아일랜드에서 중국 공장으로 이전하기로 했다.[5] 이 결정의 결과는 뼈아팠다. 제품의 품질 저하로 고객은 떠나갔고, 한때 연간 수익 7천만 달러를 벌어들이던 회사는 심각한 평가절하를 당하며 겨우 6백만 달러에 매각되었다. 단기간에 유례없는 성장을 꿈꾸는 창업자라면 제품 출시와 동시에 그 야망이 현실이 되는 경우도 준비하고 계획을 마련해야 한다. 통

제할 수 없는 성장은 모든 스타트업에 치명적인 결과를 초래할
수 있음을 기억하라.

🎯 출시 마케팅

제품 출시를 위해 아무리 많은 계획을 세웠더라도, 결과적으
로 아무도 제품을 알아주지 않으면 시장에 진정한 영향을 미치
지 못한다. 출시 전략을 개발할 때 제품이 아닌 사람에 초점을
맞추는 것이 고객 참여도에 긍정적인 차이를 불러오는데, 이것
은 무엇을 의미하는 걸까? 이 개념을 놀라울 정도로 잘 설명한
사람이 스티브 잡스이다. **애플**의 신제품 출시 때마다 전형적
옷차림인 검은색 터틀넥과 뉴발란스 운동화로 청중의 이목을
집중시킨 잡스는, 언제나 제품 자체보다 제품을 구매하려는 사
람들을 우선시했다. 그는 제품을 홍보할 때 사용자에게 이로움
을 주는 기술적인 사양(예를 들어 아이폰은 다기능 전화기와
음악 재생기를 결합한 것이었다.)을 자세히 설명하기 전에, 제
품이 최종 소비자에게 어떤 영향을 미칠 것인지를 우선적으로
언급했다. 당신의 제품이 사용자에게 어떤 가치를 제공하고, 고
객이 이제껏 알지 못했던 필요를 어떻게 충족하는가? 사용자
가 제품을 이용하며 얻는 경험을 깊이 파고들기 바란다. 이 전
략의 핵심은 제품이 소비자의 삶에 어떻게 더 긍정적인 영향을

미치고, 소비자가 느끼는 명백한 불편함을 얼마나 해소하는지에 있다. 기술적인 측면은 당신이 그리는 더 나은 세상으로 고객을 인도하는 징검다리의 역할로 사용하라.

제품 출시를 알리기 위해 많은 회사에서 채택하는 또 하나의 훌륭한 마케팅 전략은 보도자료를 작성, 배포하는 것이다. 대상 고객에게 도달할 수 있는 플랫폼을 보유한 유명 언론인, 블로거 및 인플루언서에게 간결한 제품 설명을 제공하라. 보도자료는 출시일 2주 전에 발송하는 것이 이상적이다. **프랙틀**의 연구에 따르면 평판 좋은 미디어 회사에서 일하는 저널리스트들은 매일 70건 이상의 이메일 홍보물을 받는다.[6] 그들이 받은 자료를 열 개 중 하나라도 볼 가능성은 실제로 매우 희박하다. 따라서 치열한 경쟁에서 자신을 인정받을 수 있는 기회를 얻는 것이 점점 중요해지고 있다.

매력적인 보도자료를 작성하는 법

효과적이고 완전한 보도자료는 어떻게 만드는가? 다음 기준을 충족한다면 훌륭한 보도자료를 쓸 수 있다. 처음부터 끝까지 주의를 끌어야 하고, 선택한 대상과 연관성이 있어야 하며, 길이가 짧아야 한다(한 쪽 이하). 나아가 이러한 조건을 만족하기 위해 보도자료를 점진적으로 제시하는 구조를 활용할 수 있다. 원하는 독자의 흥미를 끌 수 있는 짧은 헤드라인으로 시작한다. 구체적인 동사와 적확한 언어를 사용한 간단한 제목은 좋은 보도자료의 기초를 만드는 첫걸음이다. 이 점을 설명하기 위해, 공적인 이메일 에티켓에 대해 논의하는 다음 두 기사의 헤드라인을 비교해 보자. 첫 번째는 '공적인 방식으로 누군가에게 이메일을 보내는 적절한 방법'이다. 다음을 보자. '당신도 공적인 이메일에 이런 실수를 합니까?' 더 적은 수의 단어와 쉬운 언어를 사용하는 것 외에도, 후자의 예는 독자들이 이메일 에티켓에서 그러한 오류를 범하는 자신을 떠올리고 자신의 방식이 맞는지 확인하게 함으로써 독자를 사로잡는다. 이 전략을 제품의 상황에 맞게 각색하면, 언론인이 보도자료를 읽도록 유인할 수 있다.

그런 다음에, 보도자료의 첫 번째 단락이 요점을 바로 제시하는지 확인해야 한다. 보도자료가 한 쪽을 넘어가는 것을 누구도 원하지 않으며, 언론인은 대개 매우 바쁜 사람들이다. 이 소개 단락에 제품 출시와 관련된 '누가, 무엇을, 어디서, 언제, 왜, 어떻게'를 포함하여, 당신의 회사가 언론사의 고객층과 얼마나 잘 어울리는지를 즉시 판단할 수 있도록 해야 한다. 독자가 정보를 얻기 위해 당신의 보도자료 전체를 검색하지 않아도 되게 만들면, 그들이 보도자료를 내보내기로 결정하는 데 유리한 상황을 만들 수 있다.

제품 출시와 회사에 대해 신뢰를 주려면 회사에서 존경 받는 이해관계자의 인용문 한두 개를 포함하는 것이 좋다. 이들은 투자자, 얼리어답터 또는 제품의 핵심을 설명할, 제품에 대해 가장 잘 아는 직원일 수 있다. 인용문은 제품 출시에 대한 표면적인 설명이 아니라, 해당 제품의 출시가 업계와 일반 생태계를 뒤흔드는 데 있어, 그리고 가장 중요하게는 고객에게 가치를 제공하는 데 있어 어떤 영향을 미치는지 보여주어야 한다. 다음 단락에는 독자가 가장 공감할 만한 몇 가지의 관련 배경에 대한 세부 정보를 추가할 수도 있다. 이는 제품 개발 이면의 사고 과정에서부터 회사가 추구하는 미래 전망에 이르기까지 무엇이든 가능하다. 이 부분을 불필요한 세부 사항으로 과도하게 부풀리지 않도록 주의하라. 어디까지나 보도자료의 목적에 충실해야 하고, 그 목적이란 제품 출시에 관심을 불러일으키는 것이다. 전달하려는 핵심 내용을 보완할 수 있는 브랜드와 추후 계획에 대한 세부 정보가 있는 경우, 마지막에서 두 번째 단락이 그 완벽한 위치가 될 것이다. 끝으로 '보일러 플레이트 boiler plate(보도자료 마지막에 넣는 한 문단으로 제품 출시와 관련된 모든 정보를 일목요연하게 서술한 것)'를 추가하여 보도자료를 마무리한다. 모든 보도자료의 끝부분은 회사가 정확히 무엇을 하는 곳인지, 대략적인 규모(직원), 본사 위치, 독자가 새로운 소식을 얻기 위해 팔로우할 수 있는 모든 소셜 미디어 플랫폼을 명확히 보여주어야 한다. 보일러 플레이트를 포함하지 않고는 어떤 보도자료도 완전하다 할 수 없다.

모든 팀원이 출시일에 한 몸처럼 움직일 수 있도록 보도자료 사본은 반드시 모두 가지고 있어야 한다. 또한 각자 주변에서 적절하다고 생각하는 개인에게 보도자료를 배포할 수도 있다. 제품 출시는 일종의 이벤트이기도 하다. 회사의 각 구성원은 특정 커뮤니티 리더, 언론인, 가족, 잠재적인 고객 또는 투자자를 이 이벤트에 초대하고 다양한 방법으로 제품을 홍보할 책임이 있다.

출시를 홍보할 콘텐츠 만들기

제품 출시 마케팅의 또 다른 측면은 그래픽과 비디오이다. 마케팅 콘텐츠와 관련하여 디자이너가 자문해볼 가장 적절한 질문은 '팀원과 고객이 이것을 쉽게 공유할 수 있는가?'이다. 홍보 영상과 그래픽이 회사의 직접적인 개입 없이도 다른 사람들에게 퍼져나갈 수 있을 때, 당신의 메시지는 힘을 들이지 않고도 조직적으로 확산할 수 있다.

출시일 전에 기대감을 끌어올리는 광고를 만드는 가장 좋은 방법은 사용 중인 제품의 짧은 예고편을 제작해 이 비디오 클립을 여러 플랫폼에서 공유하는 것이다. 이상적으로는 2주 전에 배포해야 잠재 고객이 출시일에 기대할 만한 부분을 보강할 수 있다. 예고편의 장점을 이해하기 위해 지난 20년 동안 나온 인기 있는 비디오 게임들을 떠올려 보자. 게임 플레이 예고편이 퍼져나가면서 입소문을 만들고, 게임에 대해 듣거나 볼 때마다 기회가 생기면 해보겠다는 생각이 점점 커지는 게임의 출시가 가장 기대되었을 것이다. 실제로 제품이 사용되는 모습을 담은 동영상 예고편이 반드시 비디오 게임 분야에만 효과적인 것은 아니다. 시청자가 영상을 보며 제품의 기능과 용도를 이해할 수만 있다면, 당신은 이 '제품 예고편'이 핵심 목적을 달성했다고 확신해도 좋다.

🎯 경계와 균형

출시 전에 우리는 사업을 우리 정체성의 일부로 느낄 정도로 너무나 많은 시간을 할애했다. 창업자는 사업을 만들며 쏟아부은 모든 에너지, 인내, 영감 및 애정으로 인해 회사의 성공에 애착을 느끼고 병적으로 집착하기 십상이다. 특히 출시 이후에는 회사의 성공을 자신의 가치를 확인하는 척도로 생각한다. 이런 실수를 하지 마라! 자신과 자신의 사업을 구분하는 것은 매우 중요한데, 그렇게 하지 않으면 불필요한 고통을 겪을 수 있기 때문이다. 성공적으로 이 경계를 나누는 것은 자신의 안정을 도모하는 데 도움이 될 뿐만 아니라, 실제로 더 나은 사업 결과로 이어진다. 자신의 정체성을 사업과 분리하고 구별하는 기업가는 상황을 물러서서 볼 수 있고, 사업을 개선하기 위해서라면 건설적인 방식으로 주변의 평가와 선의의 비판을 수용할 수 있다. **에어비앤비**의 창업자이자 CEO인 브라이언 체스키는 "만약 당신이 제품을 출시한 것을 아무도 모른다면, 다시 시작하면 된다. 우리는 세 번 출시했다."[7]라고 말했다. 실제로 제품을 출시할 수 있는 횟수에는 제한이 없다. 새로 출시할 때마다 수정해서 향상된 버전을 시장에 내놓으면 그만이다.

1 Constine, J (2018) Genies brings lifelike avatars to other apps with $10M from celebrities, TechCrunch, https://techcrunch. com/2018/11/19/genies-avatars/ (archived at https://perma.cc/ XT77-9JHX)

2 Nagraj, N (2016) Solving Rubik's Cube is the least interesting thing about the puzzle, New York Post, https://nypost.com/ 2016/10/31/how-the-internet-brought-the-rubiks-cube-back-to-life/ (archived at https://perma.cc/A44J-9YZP)

3 Schneider, J and Hall, J (2014) Why most product launches fail, Harvard Business Review, https://hbr.org/2011/04/why-most-product-launches-fail (archived at https://perma.cc/ SZR8-X7XQ)

4 Ibid

5 Ibid

6 Fractl (2019) Here's what not to do to get your content featured on major online publishers, www.frac.tl/work/ marketing-research/pitching-pet-peeves (archived at https:// perma. cc/8R6W-BFYW)

7 Aydin, R (2019) How 3 guys turned renting air mattresses in their apartment into a $31 billion company, Airbnb, Business Insider, https://www.businessinsider.com/how-airbnb-was-founded-a-visual-history-2016-2 (archived at https://perma.cc/ 8R6W-BFYW)

9장

협업 육성

　스타트업부터 《포춘Fortune》지 선정 500대 기업에 이르기까지, 현재 모든 기업들은 그 어느 때보다 구성원이 서로 존중하고 영감을 주고받고, 효과적으로 협력할 수 있는 환경을 만드는 방법을 모색하고 있다. 우리도 지난 몇 년 동안 회사를 운영하며 이에 대해 많은 생각을 했다.

　스위시는 **서프**의 초창기 직원을 고용하는 과정에서 뛰어난 지원자들 중 상당수가 사무실 근무보다 원격으로 일하는 것을 선호한다는 사실을 처음 알았다. 특히 월세가 매우 비싼 토론토 같은 도시에서 그런 경향이 두드러졌는데, 이는 지난 10년 동안 근무 환경이 눈부시게 발전하면서 생긴 추세였다. 이제는 보편화된 개방형 사무실이나 거점 오피스는 특히 장거리 통근을 해야 하는 직원들의 만족도를 높이는 것으로 나타났다. **서프**에서도 현재 절반에 가까운 직원이 원격으로 일하고 있는데, 대부분이 마케팅 및 제품 개발 팀의 구성원이다. **서프**는 자리를 지키는 것과 창의성은 관계가 없다고 생각하기 때문에 직원들이 기분 좋게 열심히 일할 수 있는 곳에서 작업하도록 격려한다. 다만, 원격 근무를 할 때는 명확한 의사소통과 효율적인 업무 관리가 더욱 필요하다.

효과적인 팀 관리는 협업으로 이어지며, 이를 통해 직원들은 더 많은 생각을 하면서도 빠르게 일을 처리할 수 있다. 협업은 서로 다른 능력과 기술을 지닌 팀원과 함께 일하며 각자의 약점을 개선할 수 있도록 돕는다.

🔑 더 나은 협업 문화 조성을 위한 다섯 가지 요령

(처음부터) 모든 상황을 공유하라

원격 근무할 직원을 고용할 때에는 상근직과 마찬가지로 즉시 기대치를 설정하는 것이 중요하다. 일주일에 몇 번 소통하고 싶은지, 어떤 결과를 내기 바라는지, 과거에 효과를 본 방식은 무엇인지 팀과 공유한다. 팀에 작업을 부여한 후에는 진행 상황을 실시간으로 확인해야 한다. '컴퓨팅 기술 산업 협회'에 따르면 1년차 직원의 28퍼센트가 정해진 기간 내에 프로젝트를 완수하지 못하는 주요 원인이 의사소통 부족이다.[1]

아사나, 노션 같은 앱을 사용하면 팀의 작업 진행 상황을 추적하고 즉시 피드백을 제공할 수 있다. 경영자는 잠재력을 발휘하고 있는 직원(원격 근무 직원 포함)과 그렇지 않은 직원을 파악할 수 있어야 한다. 예산, 마케팅 전략 수립 등 분야를 막론하고 당신이나 프로젝트 관리자가 실시간으로 팀원의 작업을 확인한다면 직원들은 업무에 더욱 책임감을 느낄 것이다.

스위시는 **서프**의 기존 직원과 신입 직원을 연결하는 데 IT 기술을 활용한다. 그는 모든 직원이 업무를 시작할 때 이메일의 대안으로 슬랙을 통해 서로 인스턴트 메시지를 보낼 것을 권장하는데, 이를 통해 직원들이 서로 편하게 도움을 요청하고 팀 내 중요한 결정을 더 빨리 내리고 있다고 생각한다.

근무 장소와 상관없이 지속적으로 팀원들에게 정보를 제공하는 것도 중요하다. 스위시는 매주 온라인 회의의 참석자를 초대할 때 의제를 함께 보내 팀이 무엇을 논의할 것인지 명확히 알려준다. 이는 직원들이 사전에 회의를 준비하고 토론에서 할 질문을 정리하는 데 도움이 된다.

직원들이 (최대한) 쉽게 접근할 수 있도록 하라

한 회사의 문화는 경영자가 설정한 기대치와 지도자로서 그가 구현하는 행동의 조합이다. 협업을 중심으로 의사소통을 구축하는 문화는 당신이 얼마나 잘 반응하는지, 어떤 태도로 팀과 협업하는지에 따라 생겨난다. 당신의 행동이 주변 사람의 규범과 행동을 규정하고, 연쇄적으로 넓은 범위의 직원들에게 영향을 미칠 것이다. 이 과정에서 우리가 하나의 사회로서 이 지점에 이르기까지 거쳐온 기술적 도약을 결코 당연하게 여기지 말고 적극적으로 활용해야 한다. 그 도약 덕분에 사업을 운영하고 팀과 협업하기가 훨씬 쉬워진 것이다.

서프의 구성원은 매주 팀 모임, 세 번의 팀 통화, '걱정거리 말하기(Paranoia Session, 이 장의 뒷부분에서 이야기할 것이다.)' 및 모든 직원과의(원격 근무 중이더라도) 접속 확인을 수행한다. 스위시는 너무 빈번한 의사소통은 부담스러울 수 있다는 생각에 찬성하지 않는다. 그는 소통이 활발할수록 구성원 간의 거리가 좁아지고 결국에는 함께 더 잘할 수 있는 기회가 많아진다고 믿는다.

정기적이고 효율적으로 소통하라

1년쯤 전에 스위시는 브라이언 스쿠더모어_{Brian Scudamore}(CEO, **1-800-GOT-JUNK**)의 초청으로 밴쿠버에 있는 그의 본사를 방문했다. 그 회사의 직원들은 아침 모임을 하고 있었다. 에너지가 넘치는 모임이기도 했지만 스위시가 특히 마음에 들었던 것은 그 모임이 매우 포용적이었다는 점이다. 밴쿠버 사무소는 토론토 팀을 회의에 원격으로 초대해 토론토 팀이 지난 한 주 동안의 성과를 이야기할 수 있도록 화면을 공유했다. 스위시는 이를 보고 **서프**에서도 원격 및 사무실 근로자들과 매주 온라인 회의를 하는 아이디어를 떠올렸다. 이것은 일상적인 대면 의사소통이 없는 직원들에게 흥분과 유대감을 만들어냈고, 원격 근무를 하는 팀원은 자신들 또한 큰 그림의 일부라고 느낄 수 있었다.

가능할 때마다, 전체 구성원이 한자리에 모이는 행사를 할 때는 더더욱 원격 근무 팀을 가상으로 현장에 초대하라. 요즘 같은 세상에서는 기술력을 핑계로 이런 일을 기피할 변명의 여지가 없다.

신뢰할 수 있는 도구를 보유하라

적절한 도구에 투자한 것이 **서프**에 최고의 협업 환경을 조성할 수 있었던 이유이다. 스위시는 본격적으로 직원을 고용하기 전에 온라인에 접속하여 직원들, 특히 원격 근무 직원들이 최상의 경험을 할 수 있도록 지원하는 소프트웨어를 구입했다. 이유는 간단하다. 젊은 직원을 위해서는 첨단 기술 환경을 구축하는 것이 필수이기 때문이다. 2016년 **블루 소스**는 밀레니얼 세대의 81퍼센트가 이상적인 작업 환경의 조건으로 임직원 특전이나 편의 시설보다 '첨단 기술'을 더 중요시한다는 것을 확인했다.[2]

스위시는 직원들이 파일을 편하게 다운로드하고 회의 일정을 빠르게 예약하며 온라인으로 하는 회의에도 진정으로 몰입할 수 있기를 원했다. 직원에게 더 나은 도구를 제공하면 그만큼 생산성이 향상되기 때문이다.

의사소통을 돕는 도구는 대부분 비용이 많이 들지 않으며, 간혹 비용을 좀 들여야 하더라도 회사의 미래에 대한 투자라고 여겨야 한다. 앞선 2016년 **블루 소스**의 연구에 따르면 직원들의 소통이 원활한 조직에서는 생산성이 최대 25퍼센트 향상된다.[3]

팀원에 대해 (이력서가 말해주지 않는 것을) 알아가라

스위시는 팀을 알아가기 위해 자신이 진정으로 노력하는 것을 자랑스럽게 생각한다. 회사의 가파른 성장 속도와 직원들이 얼마나 바쁜지를 고려할 때 이는 쉽지만은 않은 일이다. 그래서 **서프**에는 '걱정거리 말하기Paranoia Session'라는 주간 회의가 생겼다. 스위시는 모든 직원을 온오프라인으로 소집해 가장 큰 걱정거리가 무엇인지 말하도록 격려했다. 이때 나오는 내용 대부분이 사업의 진행 방향이나 제품 또는 판매 측면의 특정 경험에 관한 것이다. 그는 이 회의를 하면서 정직한 방식으로 취약점과 의문을 공유한 것이 회사 최고의 아이디어를 한 걸음 발전시키는 계기였음을 깨달았다. 직원들이 자신의 생각을 제시하고 솔직한 의견을 공유하는 일에 더욱 자신감을 갖게 되었다는 점 또한 커다란 수확이었다.

1 Rosencrance, L (2007) Survey: Poor communication causes most IT project failures, Computerworld, https://www. computerworld.com/article/2543770/survey--poor-communication-causes-most-it-project-failures.html (archived at https://perma.cc/J3G4-BEY5)

2 White, SK (2016) Millennials are shaking up workplace communication, CIO, https://www.cio.com/article/3082775/ millennials-are-shaking-up-workplace-communication. html (archived at https://perma.cc/Y33H-8WPA)

3 Nicholson, M (2020) Work flexibility is boosting productivity for growing businesses, Home Business, https:// homebusinessmag.com/management/working-smarter/work-flexibility-boosting-productivity-growing-businesses/ (archived at https://perma.cc/AAN7-4PY6)

10장

견인력의 이해: 사업 지표의 개발

잠재적 투자자를 만나면 '견인력'에 대한 질문을 자주 제기한다는 것을 알게 된다. 견인력은 무엇일까? 아이디어 또는 제품이 인기를 얻고 고객에게 수용되는 정도를 견인력이라 하며, 구매나 구독, 클릭, 조회수, 좋아요 등과 같은 항목으로 이를 측정할 수 있다. 본질적으로 투자자는 당신이 사람들의 욕구를 찾고 그에 대응하는 일에 성공했다는 증거를 보고 싶은 것이다. 그걸 보여주기가 말처럼 쉽지는 않지만.

어떤 종류의 지표를 만들고 측정해야 하는지 이해하면 사업의 강점과 약점을 제대로 식별할 수 있다. 견인력 또한 그중 하나로, 후기 단계 투자자에게는 당신의 미래 잠재력을 가늠할 가장 중요한 요소가 된다. 이 장에서는 견인력을 이해하는 데 있어 모든 기업이 고려해야 하는 중요한 지표들을 평가한다. 또한 사업 모델에 따라 유형별로 집중해야 하는 특정 지표를 살펴본다. 당신이 주목해야 할 지표는 사업의 단계에 따라서도 다르다. 여기서 우리는 수익을 얻기 전과 수익이 난 후로 분류하여 견인력 지표를 논의할 것이다.

🔑 수익 발생 이전의 견인력

사람들은 흔히 견인력과 유료 고객을 동의어로 간주한다. 그렇다면 수익을 얻기 전 단계에 있는 회사의 견인력은 어떤 모습일까? 이 단계에서 당신이 무엇보다 입증하고 싶은 것은, 내가 지금 사람들이 비용을 지불할 만큼 중대한 문제를 해결하고 있는가 하는 점이다. 잠재 고객에게 평가와 의향서를 받는다면 이에 대한 분명한 증거를 얻는 셈이다. 또한 문제를 찾아 목표 시장을 정하고 시장 조사를 수행하면 초기 견인력을 모으기 쉬울 것이다(그런데도 거의 실천하지 않는다).

목표 시장에 있는 개인이나 조직에 다가가 그들의 고충을 이해하기 위해 노력하는 과정에서 당신의 솔루션에 대한 고객의 생각을 물을 수 있는 완벽한 기회가 제공된다. 그들이 당신의 솔루션을 좋아하지 않는다면 항상 이유를 물으라. 이때 고객이 이

랬으면 좋겠다 제안하는 기능보다도 그들이 겪고 있는 문제를 구체적으로 깊이 파악하는 데 더 중점을 두어야 한다. 이에 따라 솔루션을 반복 개선하면 점차 호감을 표하는 잠재 고객이 늘어난다. 솔루션이 계속 진행할 만한 장점을 갖추기 시작할 때, 잠재 고객에게 출시 후 구매할 의향이 있음을 서면으로 제공할 수 있는지를 묻는다. 이러한 서면 진술은 계약상의 구속력을 갖지는 않지만, 기꺼이 서명하려는 고객을 확인하는 것만으로도 당신의 사업에는 매우 긍정적이다.

　오텀은 진행 상황을 평가하기 위해 세 가지 주요 지표를 선택했다. 첫 번째는 우리가 유치한 신규 사용자 수, 두 번째는 사용자가 작성한 텍스트를 인공 지능(AI)으로 분석한 사용자당 단어 수, 세 번째는 재방문한 사용자 수이다. 첫 번째와 세 번째는 상당히 직관적인 지표로, 우리와 투자자에게 회사가 얼마나 빨리 성장하고 있으며 우리가 제안하는 가치를 고객들에게 얼마만큼 전달했는지에 대한 감각을 준다. 두 번째 지표는 회사의 사업 모델에 구체적으로 도움이 된다. 우리 사업의 핵심에는 사용자가 생성하는 텍스트 데이터에 따라 미래에 그 사람의 심리적 편안함이 어떻게 변동할지 예측하는 AI 모델이 있는데, 이를 통해 사람들의 언어가 그들의 현재와 미래의 감정을 반영하는 놀랍도록 정확하고 빠른 지표라는 것이 증명되었다. 이 AI 모델은 사용자가 제공하는 언어 데이터를 바탕으로 지금도 훈련 중이며, 정확도를 높이려면 앞으로도 지속적인 훈련이 필요하다. 언어 데이터가 많을수록 우리 AI는 더 정확해진다. 사용자가 알고리즘 분석을 승인한 언어의 양을 측정하면 그가 우리 플랫폼을 얼마나 신뢰하고 있는지, 또한 우리가 얼마나 많은 훈련 데이터를 가지고 있는지 알 수 있다(우리는 보안을 위해 데이터 및 데이터 분석의 제어를 전적으로 개인의 손에 맡긴다. 즉, 결과를 보는 것은 사용자 본인뿐이다. 다만 사용자가 이메일과 같은 특정 데이터 소스에 대한 접근을 허락할 정도로 편안해지려면 여전히 시간이 필요하다).

🔑 수익 발생 이후의 견인력

수익 발생 이후의 견인력 지표를 이해하기 위해서는 참조할 수 있는 틀을 설정하는 것이 중요하다. 당신의 회사가 생성하는 산업 평균 자료, 과거의 누적된 데이터, 최근의 예측 등 모든 지표들은 무언가와 비교할 때 비로소 통찰력을 제공한다. 많은 경우 수치 자체보다 더 큰 관심을 불러일으키는 자료는 해당 견인력 지표의 추세이다.

우리가 살펴볼 세 가지 견인력 측정 항목은 고객 유지 및 이탈, 그리고 기간이다. 이 지표들은 재정적 예측을 가능하게 하는 중요 정보인 고객 생애 가치를 평가하는 데 사용된다. 고객 유지율(CRR: Customer Retention Rate)은 특정 기간이 끝날 때까지의 총 고객 수(E), 해당 기간 중 추가된 신규 고객 수(N), 그리고 이 기간 시작 시점의 기존 고객 수(S), 이렇게 세 가지 변수를 기반으로 계산한다. CRR의 공식은 다음과 같다.

CRR = ((E-N)/S) x 100

고객 유지율을 아는 것이 왜 중요할까? 고객 유지 비용은 신규 고객 획득 비용보다 평균적으로 최대 7배 저렴하며, 기존 고객이 단골 고객으로 전환할 가능성은 60~70퍼센트나 된다. 기본적으로 새로운 고객을 찾는 것보다 고객을 유지하는 것이 더 쉽고, CRR은 이를 측정하는 데 도움이 된다. 실제로 최근 연구에 따르면 고객의 유지와 사업 측면에서 CRR이 5퍼센트 증가하면 수익은 25~95퍼센트까지 증가할 수 있다.

고객 이탈률 또는 해지율(CR)은 특정 기간 동안 회사에서 구매를 중단한 고객의 비율이다. 해지율을 계산하려면, 일정 기간 동안 이탈한 고객 수(L), 같은 기간 동안 신규 고객 수(A), 이 기간 시작 시점의 기존 고객 수(S)를 알아야 한다. CR의 공식은 다음과 같다.

CR = ((L-A)/S) x 100

해지율이 양수이면 회사에 고객 순손실이 있음을, 음수이면 고객 순증이 있음을 나타낸다. 예를 들어 월초에 100명의 고객이 있었고(S) 그달에 신규 고객이 7명(A), 떠난 고객이 10명(L)인 경우, 회사의 해지율은 다음과 같다.

((10-7)/100) x 100 = 3%

이는 회사가 한 달이라는 주어진 기간 동안 고객 기반의 3퍼센트를 잃었다는 의미이다. 따라서 음수의 해지율, 즉 고객 기반이 확대되는 것이 이상적이다.

고객 수명이라고도 하는 고객 유지 기간은 해지율의 역수(1/해지율)를 사용하여 계산된다. 위 회사의 경우 평균 고객 수명은 1을 0.03으로 나눈 33개월이다. 이 값은 고객 생애 가치를 계산하는 데 사용된다.

고객 생애 가치(CLV 또는 LTV)는 고객이 해당 사업과 관계 맺는 동안 사업에 제공할 모든 가치에 대한 예측이다. 고객 생애 가치를 알기 위해서는 판매의 평균 가치, 평균적 고객 수명을 지닌 고객당 반복된 거래 횟수의 평균, 고객 확보의 초기 비용을 알아야 한다. CLV와 해지율은 회사의 초기 단계에서는 수량화하기 어렵다. 이런 지표들에 근거해 구체적인 예측을 하기 위해서는 최소 1년 동안의 판매 데이터를 축적해야 한다. 고객 생애 가치를 계산하는 간단한 공식은 다음과 같다.

CLV = (고객당 연평균 이익 기여도) x (고객이 남아 있는 평균 연수)
- (고객 확보 초기 비용)

이보다 약간 더 복잡한 공식에는 고객 획득 이후 매년 줄어
들 고객의 미래 가치 계산이 포함된다.

CLV = ((고객당 연평균 이익 기여도) x (누적 고객 유지율)
- (고객 확보 초기 비용))
x (매년의 상황을 고려한 적절한 미래 감가율)

예를 들어 고객 확보 비용을 무시하고 4년 동안 매달 10달러
를 지출하는 동영상 스트리밍 구독자의 생애 가치를 계산한다
면 간단한 공식을 사용하는 CLV는 다음과 같다.

($10 x 12개월) x 4년 = 고객 생애 가치 $480

고객 확보 비용(CAC: Customer Acquisition Cost)은 우리
가 논의할 마지막(그리고 아마도 가장 간단한) 지표로, 견인력
측정과 직접적인 관련은 없지만 고객 생애 가치와 마케팅 지출
대비 수익성과 같은 항목을 계산하는 데 필요하다. 고객 확보
비용을 계산하려면 새로운 고객을 확보하는 데 소비한 총 금액
을 해당 비용이 지출된 기간 내에 확보한 고객 수로 나눈다. 이
계산은 사용된 마케팅 채널의 다양성과 어떤 마케팅 수단이 신

규 고객을 끌어들였는지를 파악하는 능력에 따라 더 복잡해질 수도 있다. 예를 들어 고객 확보 비용을 계산하는 자동차 대리점은 전시장 자동차 판매원의 급여, 신문과 TV 광고 비용, 소셜 미디어 광고, 웹사이트 호스팅 비용 등을 확인할 것이다. 이상적인 조건에서라면 완벽한 데이터를 가지고 수월하게 마케팅 채널당 획득 고객을 계산할 수 있겠지만 이는 드문 일이다. 얼마나 많은 사람이 광고를 보고 나중에 제품을 구매하는지는 클릭을 통한 디지털 마케팅에 한해서만 쉽게 확인할 수 있기 때문이다. 그러므로 사업이 성장함에 따라 투자 대비 수익을 최적화할 수 있도록 다양한 마케팅 채널의 효율성을 확인해 놓는 것이 좋다. 단기적으로 이 작업은 많은 추측에 의존해야 하겠지만, 시간이 지나 데이터가 누적됨에 따라 정확도는 계속 향상될 것이다. 이쯤에서 기억할 것이 있다. 좋은 제품은 고객 확보 비용을 크게 줄여준다는 사실이다. 마케팅에 많은 투자를 하기보다 굳이 마케팅을 하지 않아도 알아서 판매되는 제품을 만드는 것이 언제나 더 좋은 선택이다.

사업이 지속 가능한 성장을 이루기 위해서는 고객 생애 가치가 고객 확보 비용의 약 3배가 되어야 하며, 구독 사업의 경우에는 고객 확보 후 12개월 이내에 확보 비용을 회수해야 한다. 지속적으로 이익을 창출하는 시장 선도 기업들은 고객 생애 가치가 고객 확보 비용의 5배에 이른다.

그러나 다양한 지표를 넘어 고객에게 진정한 이로움을 주는 기본은 반복하여 개선하는 과정이다. 우리는 너무 자주, 지표에 지나치게 집착한 나머지 가장 챙겨야 할 것을 잊어버린다. 저명한 경영 사상가인 피터 드러커Peter Drucker는 "전혀 하지 말아야 할 일을 효율적으로 하는 것만큼 쓸모없는 짓은 없다."라고 했다.[1] 사업의 기본적인 건실함을 진단하기 위해 견인력이나 재정적 지표에 의존할 때에도, 견인력을 보다 근본적으로 향상시킬 요소를 놓치지 말아야 한다. 요컨대 사람들이 진정으로 원하는 것을 만드는 데 집중하는 것이다.

확장scaling에 대해서는 13장에서 자세히 논의하겠지만, 견인력을 모으는 가장 좋은 방법은 확장되지 않는 일을 하는 것이다. 고객의 요구를 진정으로 이해하고 해결하기 위해 노력하는 것이 바로 그런 일이다.

---

1 Drucker, P (1963) Managing for business effectiveness, Harvard Business Review, https://hbr.org/1963/05/managing-for-business-effectiveness (archived at https://perma.cc/WEX7-9UAF)

11장

자금 조달 전략

스위시는 **서프**의 CEO로서 회사의 목표 설정, 자금 조달, 고용, 판매 촉진이라는 네 가지 주요 책임을 포괄하는 것이 자신의 역할이라 여긴다. 이 중에서 그는 자금 확보가 가장 어렵다고 생각한다. 개인과 기관으로부터 돈을 끌어오는 일이 어렵기도 하지만, 자금을 모으는 동안 사업의 다른 측면에 집중하기가 힘들기 때문이다. 많은 기업가들이 회사 운영에 쏟는 시간이 부족하다 느낄 만큼 끊임없이 자금을 확보하러 다닌다. 이장에서는 자금 조달에 대해 어떻게 생각해야 하는지와 투자자들을 효과적으로 설득할 수 있는 전략에 대해 설명한다. 이어서 다음 장에서는 재정 상태를 정리하고 회사의 적절한 가치를 계산하는 것을 포함하여 자금 조달에 필요한 사항에 대해 이야기하겠다.

시작하기 전에 모든 기업가가 외부 자금을 조달해야 하는 것은 아니라는 점을 짚고 넘어가자. 이제는 사업을 자기 힘으로 꾸려가며 수익을 내는 '부트스트랩'이 그 어느 때보다 쉬워졌다. 사업을 '부트스트랩'한다는 것은 자금 조달 없이, 사업이 창출하는 수익을 바탕으로 성장한다는 의미이다. 정규직으로 일하고 급여를 사업에 재투자하거나 회사의 소유권을 포기하지 않는 것을 전제로 다른 운영 방법을 찾아볼 수 있다. 어쨌거나 회사를 팔아야 한다면 지분을 100퍼센트 갖고 있을 때 파는 것이 나으니까 말이다. 하지만 자금을 조달해야 한 이유는 여전히 많다. 첫째, 기금 마련은 초기 시작 비용(제품 개발, 초기 직원 급여 등)을 상쇄하는 데 도움이 된다. 둘째, 회사가 성장 단계일 때 특히 어떤 성장 전략이 효과가 있는지를 알아내 비용을 투입할 수 있다. 예를 들어 온라인 광고에 1달러를 지출할 때마다 4달러를 벌고 있다는 분석이 나오면, 투자금으로 온라인 광고비를 더 집행하는 것이다. 이러한 비용을 신속하게 충당하려면 자금 조달이 필요할 수 있다.

스위시는 **서프**를 위해 400만 달러 이상을 모금했다. 모금 과정에서 그는 대부분의 투자자, 특히 벤처캐피털(VC)은 회사가 10억 달러 가치에 빠르게 도달할 것으로 보이는 경우에 주로 투자한다는 것을 깨달았다. 그들은 혁신적이고 변화 속도가 빠른 분야(예를 들자면 양자 컴퓨팅, 블록체인, AI 등)에 투자한다. **서프**의 공동창업자 아니크가 늘 말하기를, 대부분의 VC는 1억 달러 가치에 도달할 확률이 75퍼센트인 회사보다 유니콘(상장하기 전 기업 가치가 10억 달러 이상인 회사)이 될 확률이 25퍼센트인 회사에 투자할 가능성이 더 높다고 한다. 스위시는 이를 받아들이기 힘들어 했는데, 자신이 10억 달러 시장에 도전하고 있다는 것은 알면서도 그 10억 달러짜리 미래가 구체적으로 손에 잡히지 않았기 때문이다. 게다가 그는 1차 모금액인 50만 달러 달성에 2주가 걸릴 것이라고 생각했지만 실제로는 3개월 이상이 걸렸다. 사람들을 모으기 힘든 시기인 여름에 모금 활동을 한 것이 하나의 이유이기는 했지만 보다 더 큰 원인은, 그가 제대로 충분하게 준비한 자료 없이 모금을 시작했기 때문이다. 그는 재정 계획을 마련하지 않았고, '피치 데크(pitch deck, 투자자들에게 자신의 회사와 계획에 대해 일목요연하게 설명하는 프레젠테이션)'조차도 완성하지 않은 채 자신이 만든 초안 한 페이지와 자신만만한 멋진 외모에만 의존하고 있었다.

자금 조달을 거듭할수록 이 과정이 수월해지기는 하지만, 첫 모금은 항상 어렵다.

 자금 조달의 요령

첫날부터 돈을 모아라

이것은 마이클 하이엇Michael Hyatt(기업가이자 투자자)이 일찍부터 스위시에게 심어준 믿음이다. 그는 스위시에게 '수익은 만병통치약이다'라는 문자를 보낸 적도 있다. 제품이 개발되는 동안에도 스위시와 그의 팀은 첫날부터 가능한 한 많은 돈을 벌 방법을 찾아보았다. 그들은 기초적인 브랜드 컨설팅 작업을 했다. **서프**는 상품을 제공하고 'NBA 서머 리그'와 같은 이벤트를 후원하는 동시에 영향력 있는 인물들을 위한 상품 서비스를 운영했다. 이때 영업과 사업 개발에 가장 효과적이었던 자료는 데이터 보고서였다. 그들이 구축한 알고리즘은 시험판 출시 몇 달 전에 활성화되었는데, 고객사의 데이터를 활용하여 참여도가 가장 높고 영향력 있는 해당 회사 팬들의 목록을 CSV 파일로 만든 다음 SNS에 올려 새로운 고객을 찾는 알고리즘을 실행할 수 있었다. 여기서 **서프**의 성공 사례 중 하나는 **웨스턴 유니언**이었다. 그들은 링크드인에 조언과 데이터 보고서를 3개월 간 제공하는 2만5천 달러 규모의 대형 계약을 맺었다.

주도적인 투자자 찾기

주요 투자자가 꼭 기술 분야에 있을 필요는 없다. 예비 투자자 각자, 위험을 평가하는 저마다의 방법에 따라 투자 결정이 이루어질 것이다. 이미 주도적인 투자자를 확보했다면 그의 도움으로 다른 투자자가 당신의 프로젝트에 확신을 가지게 될 수도 있다. 현재 자금을 모으는 중이라면 **스타트업 노스**의 온라인 기사, 〈포스팅 하나로 다 해결하기〉를 참고하라. 2015년에 작성된 목록이지만 주요 투자자를 요약해 놓고 있어 여전히 유용하다.[1] 소셜 미디어에서 이들과 접촉할 수 있을 것이다. (온라인 기사와 관련된 내용은 주로 캐나다 등 북미에 한정한 내용이므로 참고 바란다.)

기한을 정하고 그것을 지켜라

스위시가 정말로 하고 싶었지만 결국 하지 못한 일이 바로 이것이다. 투자자가 그에게 "내가 바빠서 그러는데, 투자 유치 행사는 언제까지 열립니까?"라고 물었을 때, 그는 기한을 확실히 정해 놓고 대답한 적이 거의 없다. 자금 조달 과정을 생각할 때는 '활주로'를 유지하기 위해(회사가 몇 개월 동안 생존할 수 있는지) 필요한 액수, 달성하고 싶은 액수, 그리고 당신이 꿈꾸는 액수 이렇게 세 가지로 목표를 세우고 각각에 대한 마감일을 정해야 한다. 가장 가까운 마감일의 액수는 살아남기 위해 반드시 도달해야 하는 숫자이다. 당신의 투자자들이 기회를 놓치지 않고 움직여야겠다고 느끼도록 확실한 마감일을 말하라.

(가능하다면) 자신도 약간의 돈을 투자하라

자신의 돈을 회사에 투자하면 투자자들에게 당신이 이 사업에 진심이라는 것을 보여줄 수 있다. 스위시와 그의 공동창업자 아니크, 그리고 회사의 CFO인 트레버도 그렇게 했다.

끈기를 가지고 포기하지 마라

투자에 참여시키고 싶은 사람들을 끈질기게 따라잡고, 그들에게 가치를 제공하고, '아니요'라는 말을 들었을 때 굴하지 마라. 모든 거절 사유를 피드백을 얻을 수 있는 기회로 만들어야 한다. 누군가의 피드백을 받기를 원한다면 대담하게 도움을 요청하라. 스위시는 사람들이 도와달라 말하기를 주저하다가 성장할 기회를 놓친다는 것을 깨달았다. 그는 도움을 요청했고(때로는 지나칠 정도로), 많은 것을 훨씬 빠르게 배울 수 있었다.

꼭 한두 명으로 시작할 필요는 없다

서프의 2차 자금 조달에서는 엔젤 투자자 14명을 영입했다. 이 인원이 너무 많고 투자자 목록에 통일성이 없다고 말하는 사람도 있었지만, 스위시의 생각은 다르다. 엔젤 투자자를 모집할 때 꼭 돈뿐만 아니라 전략적으로(조언, 자문, 인맥, 협력 관계 등) 사업을 도울 수 있다고 판단한다면, 얼마든지 사람을 데려와도 좋다. 또한 나중에 다시 자금 조달을 할 때 이들의 인맥까지 더해 추가 자금을 확보하게 될지도 모르니 투자자 목록은 다다익선이라 생각해도 된다.

군살을 찌우지 마라

칠레 산티아고로 가는 비행기에서 스위시는, 저자인 리드 호프먼 자신이 유니콘 기업의 청사진이 될 거라 자신했던 책,《블리츠스케일링Blitzscaling》을 읽었다. 책은 대단히 통찰력이 있었을 뿐만 아니라 스위시가 **서프**에만 전념하며 가벼운 상태를 유지하는 계기가 되었다. 저자는 첫 자금 조달 후에 창업자와 핵심 직원들이 다음 번 자금 조달을 금방 하리라는 기대로 높은 급여를 가져가기 때문에 많은 스타트업의 자금이 바닥난다는 점에 주목했는데,[2] 스위시는 큰 수익을 내지 못하는 초창기에 그런 식으로 배를 불리고 싶지 않았다. 투자자들은 당신의 그런 정신을 높게 살 것이다.

투자자를 적절히 관리하라

투자자들은 매일까지는 아니어도 회사에 중요한 사안이 있을 때의 소식과 그들이 어떻게 지원해줄 수 있는지를 알고 싶어 한다. 스위시는 **서프**의 모든 투자자와 고문에게 월간 투자자 업데이트를 보낸다. 여기에는 그달에 발생한 모든 주요 사항, 팀이 성장한 영역 및 직면한 과제에 대한 분석이 포함되어 있다.

이제 당신은 모든 요령을 알았고 투자자에게 당신의 아이디어를 제시할 준비가 되었다. 그들이 당신에게 투자하도록 설득하는 방법은 무엇인가? 벤처캐피털은 투자처를 까다롭게 선택하는 것으로 유명하다. 그들 나름의 경험칙에 의해 제안을 듣는 1,000개 사업 중 약 100개에만 자금을 조달한다. 이런 조건에서 자금을 확보할 가능성을 높이는 방법은 거부할 수 없고 잊히지 않는 프레젠테이션을 하는 것이다.

🔑 프레젠테이션의 요령

보기 좋은 제안서를 준비하라

스위시는 벤처캐피털에서 일한 경험이 있다. **JB 피츠제럴드**의 직원일 때 그는 일주일에 수백 개의 사업제안서를 보았는데, 이내 인상적인 발표를 구성하거나 전문 디자이너에게 의뢰해 세련된 제안서를 만드는 데 시간을 들이는 사람이 별로 없다는 것을 알아차렸다. 비용과 시간을 투자해서라도 제안서는 매력적으로 만드는 것이 좋다. 직접 사업제안을 하는 경우도 있지만 전화로 제안을 하기도 하는데, 그러는 동안 투자자가 보는 것은 당신의 사업제안서이다. **Y 콤비네이터**의 블로그에서 피치 데크를 확인하고,[3] 제안서 디자이너가 필요하다면 소셜 미디어에서 제이크 래트너Jake Ratner 같은 관련 분야의 많은 디자이너를 찾아볼 수 있다.

열정을 보여라

외향적이어야만 훌륭한 프레젠테이션을 할 수 있는 것은 아니다. 그러나 최소한 너무 조용하거나 수줍어하고 긴장하지는 말고, 당신의 사업이나 솔루션에 충분한 열정을 보여주어야 한다. 투자자들에게 당신이 해당 분야의 전문가임을 알리기 위해 특정 영역의 추가 정보를 제공하거나, 그들이 질문할 때 자신감 있게 답하는 모습으로 열정을 표현할 수 있다.

속도를 유지하라

프레젠테이션을 할 때는 적절한 속도를 유지해야 한다. 문제와 솔루션을 설명할 때는 특히 천천히, 명확하게 진행한다. 이 두 부분은 모든 사업제안에서 단연코 가장 중요하다. 프레젠테이션 후에 투자자가 "그래서 정확히 어떤 문제를 해결한다는 것인지?" 또는 "음… 제가 당신의 제안을 제대로 이해했는지 모르겠는데….''라는 식으로 말한다면, 계약서에 서명을 할 확률은 뚝 떨어진다.

항상 최선을 다해 숫자를 알려라

투자자는 시장 규모, 현재까지의 수익 또는 잠재적 가치, 미래에 성사를 목표로 하는 거래 등 무엇이든 간에 숫자로 듣는 것을 좋아한다. 투자자의 관점에서 상황을 파악하고 '큰' 또는 '작은' 거래가 정확히 무엇을 말하는지 투자자들이 추측하게 하지 마라.

정직하라

어쩌면 이것이 가장 중요한 요령인지도 모른다. 퀸과 스위시는 기업가들이 경쟁업체나 제품의 기능에 대해 새빨간 거짓말을 늘어놓는 이사회 회의에 참석한 적이 있다. 목표를 홍보하는 것과 거짓말을 하는 것은 다르다. 최고의 기업가는 타당한 이야기를 히면서도 미묘한 차이를 만들 줄 안다. 예를 들어 당신의 말을 듣는 사람이 경쟁자를 언급하지 말아 주기를 바라는 대신, 당신이 선제적으로(간접적일지라도) 경쟁자 두어 명을 언급하면서 시장을 잘 파악하고 있다는 것을 투자자에게 보여줄 수 있다.

투자자가 돈을 회수하는 방법을 설명하라

스위시의 여러 멘토 중 마이클 하이엇(전前 **블루캣 네트웍스** 회장)은 항상 그에게 '수표를 따라가라'고 말했다. 이 말뜻은 돈을 좇으라는 것이 아니라, 투자자의 주머니에서 나가는 돈이 시간에 따라 어떻게 증가하고 얼마나 많은 금액으로 돌아오는지 그들에게 아주 명확하게 설명해야 한다는 것이다. 그 방식은 인수, 기업 공개, 사업의 확장 또는 다른 형태의 시나리오일 수도 있다. 당신의 목표와 일치하는 그림을 그리고, 시간 계획을 말할 때는 왜 그 계획대로 사업이 진행될 수 있는지 요점을 제공하라.

> **Bonus Tip**
>
> 사업제안에만 의존하는 것은 재앙의 지름길이다. 당신이 사상 최고의 프레젠테이션을 했다고 해도 투자자는 당신의 산업 분야에 관심이 없거나, 당신의 솔루션이 효과적이라고 믿지 않거나, 견인력이 시기상조라는 이유로 '아니요'를 외칠 수 있다. 따라서 좋은 사업제안서를 만드는 데 집중하는 동안에도 잊지 말아야 할 기본은, 안 좋은 사업을 훌륭하게 프레젠테이션 하는 것보다 좋은 사업을 다소 부족하게 프레젠테이션 하는 쪽이 훨씬 유리하다는 사실이다.

1 Crow, D (2015) One post to rule them all, StartupNorth, http:// startupnorth.ca/2014/06/24/one-post-to-rule-them-all/ (archived at https://perma.cc/GL8U-CMQF)

2 Yeh, C and Hoffman, R (2018) Blitzscaling: The lightning-fast path to building massively valuable companies, Currency

3 Hale, K (2021) How to design a better pitch deck, Y Combinator, https://www.ycombinator.com/library/4T-how-to-design-a-better-pitch-deck (archived at https://perma.cc/ BCQ5-MT23)

12장

자금 조달에 필요한 사항

온갖 책들이 자금 조달에 대해 다루고 있지만, 많은 경우 그것들은 과학이라기보다는 기술에 가깝다. 여기에서 다룰 내용은 회사의 성장을 위한 자금 조달 기회를 최대화하기 위해 기업가 자신과 사업을 보다 계획적으로 자리 잡게 해줄 정보이다.

🗝 자금 조달 관련 재무사항

자금 조달, 투자자 또는 가치 평가의 세부 사항 따위를 논하기 전에 흥미진진한 재무 이야기부터 시작하자. 모두가 재무를 사랑한다. 아니, 오히려 그것을 혐오하는 행위를 사랑한다고 해야겠다. 하지만 재무는 정말 중요하다. 기본을 확실히 이해하면 강력한 경쟁 우위를 확보할 수 있으며, 그 기본을 통해 학교에서는 거의 가르쳐주지 않는 모든 것을 배울 수 있다. 우리는 개인적 재원도 이와 유사한 방식으로 확보할 것을 권장한다. 재무 계획은 누구에게도 해를 끼치지 않으며, 안전한 재정적 미래를 위한 준비이다.

빈약한 재무 지식은 작은 기업이 실패하는 주요 원인이고, 기업가의 경우도 별반 다르지 않다. '기업가만 재무를 이해하지 못하는 핵심 인물인 것은 아니'[1]지만 말이다. 사업을 구축하고 운영하는 데 있어 재무가 그다지 재미있는 영역은 아닐지라도, 당신의 재무 지식이 튼튼한 스타트업을 위한 중추가 되는 것은 사실이다. 스타트업의 재무 이면에 있는 수학은 복잡하지 않다. 먼저 재무제표와 재무예측의 차이를 알아야 한다. 재무제표는 재무적 강점과 약점을 진단하고 사업의 지속 가능성과 수익성을 확인할 수 있는 기록이다. 재무제표는 이미 발생한 정보를 포착하고 반영한다. 한편 재무예측은 미래 수익, 비용 및 자금 조달을 포함한 여러 가정을 기반으로 하는 사업의 미래 성과에 대한 추정치이다. 즉, 재무예측은 현재나 과거의 정보를 반영하지 않는 미래에 대한 가정이다. 그럼에도 과거 데이터(재무제표)가 많을수록 실제 데이터와 사업 성과 분석을 통해 추정이 정교해지고, 이에 따라 재무예측이 더 현실적이고 정확해진다.

재무에는 타당성 분석, 기금 마련 및 관리라는 세 가지의 핵심적 응용이 있다. 재무예측은 타당성 분석과 초기 자금 조달에서 특히 중요한데, 그것이 투자자들에게 당신의 엄격한 분석과 사업을 계획할 때 지녔던 사고의 깊이를 보여주기 때문이다. 재무예측은 회사가 사업적인 관점에서 합리적으로 실현 가능한 이유를 입증 또는 제시한다. 이때 사업의 기본 타당성은 사업 모델 개발 이후 수입 및 지출에 대한 추정을 통해 평가할 수 있다. 재무 자료는 또한, 중요한 자금 조달의 도구이다. 벤처 캐피털(VC)이나 엔젤 투자자는 초기 예측이 대개 사업의 미래 성과를 정확하게 측정하지 못한다는 깃을 알고 있기 때문에, 초기에 나온 숫자는 무시하는 경우가 많다. 따라서 그보다는 미래의 재무예측이 사업체의 향후 운영에 관한 건전하고 합리적인 가정을 반영하는지 여부에 더 관심을 둔다.

수익을 창출하기 시작하면 재무제표와 재무예측은 사업의 진행을 관리하고 측정하는 중요한 도구로서 재정의 이정표이자 성적표 역할을 하고, 회계를 용이하게 하며, 잠재적인 재정적 위험을 알린다. 재무제표가 이전의 재무예측과 어떻게 다른지 비교하면 기본적인 가정들을 정기적으로 평가하고 계속해서 개선할 수 있는 능력을 얻는 데 도움이 된다.

그렇다면 투자자들은 무엇을 보고 싶어 할까? 우리는 스타트업의 주요 자금 조달 출처인 엔젤 투자자와 벤처캐피털의 관점에 초점을 맞추려고 한다. 이들의 입장에서 재무 자료가 전달해야 하는 주요 특성은 다음과 같다.

- 당신은 사업이 속한 시장 부문과 규모, 고객, 당신의 제품이나 서비스의 가치를 이해하고 있다.
- 당신의 제품이나 서비스에 매우 큰 성장 잠재력이 있다.
- 투자자의 돈을 현명하게 사용할 것이다.
- 4~5년의 예측(처음 2년은 매월, 나중 2~3년은 매년)
- 당신의 회사는 5년차에 5천만~1억 달러의 매출을 올릴 것이다 (이는 VC의 관점과 제품/서비스의 종류에 따라 필수가 아닐 수도 있다).

이러한 사항을 자료에 포함한다고 해서 무조건 투자가 보장되는 것은 아니지만 얼마만큼 경쟁력 있는 사업 아이디어인지는 판단할 수 있다.

다음에서는 재무제표의 기본 사항을 살펴보겠다. 모든 창업자는 자신의 재정 상태와 그 의미를 확실히 이해해야 한다. 재무제표는 대차대조표, 손익계산서 및 현금흐름표의 세 가지 기본 요소로 구성되며 각 요소마다 제공하는 정보가 다르다.

🔑 재무제표: 대차대조표

대차대조표는 회사가 소유한 것(자산)과 빚진 것(부채), 회사에 남은 것(자기자본)을 보여준다. 자산은 기계, 특허, 건물 등을 포함하여 현금 흐름을 생성하거나 비용을 줄이거나 매출을 향상시킬 수 있는 모든 것이다. 부채는 회사의 빚이며, 자기자본은 자산에서 부채를 차감한 후 남은 모든 가치를 말하는데, 본질적으로 회사가 진 빚을 청산한 후의 가치이다.

대차대조표의 기본 형식은 표12.1과 12.2처럼 '자산'과 '부채 및 자본'으로 구분된다.

표12.1 대차대조표: 자산

자산	
현금	A
매출채권	B
재고	C
선급 비용	D
유동자산	A+B+C+D = E
기타 자산	F
비유동자산	G
감가상각 누계액	H
순 고정자산	G-H = I
총자산	E+F+I = J

표12.2 대차대조표: 부채 및 자본

부채 및 자본	
외상매입금	K
미지급비용	L
유동성 차입금	M
미지급 소득(법인)세	N
유동부채	K+L+M+N = O
장기부채	P
자본금	Q
유보이익(사내유보)	R
주주들의 자산	Q+R = S
총부채 및 자본	O+P+S = T

대차대조표는 흔히 특정 시점에서 회사의 일반적인 재무 건전성을 찍은 사진으로 여겨진다. 그것은 사업의 순 가치, 단기(1년 미만) 및 장기(1년 초과)적으로 갚아야 할 부채의 비율, 현금, 매출채권, 외상매입금, 자본, 재고 또는 사내유보금의 변화 등이 어떠한 수준인지 알려준다. 즉, 일정 기간 동안의 수입이나 지출을 보여주는 것이 아니라 자산의 현재 시장 가치, 모든 자산의 품질, 우발채무(특정한 미래의 조건이 충족되지 않을 경우의 잠재적 부채), 현재 운영 중인 리스 의무(리스 종료 시점에 자산을 구매할 수 있는 능력) 등을 보여준다.

🔑 재무제표: 손익계산서

손익계산서에는 일정 기간 동안의 매출과 비용, 그리고 수익성이 표시되며 일반적으로 월별, 분기별 및 매년 주기로 업데이트된다. 손익계산서를 보면 판매의 증가 또는 감소, 총이익, 할당된 기간 동안의 모든 비용, 순이익의 증가 및 감소, 사업의 성장을 위해 쓸 수 있는 돈이 얼마나 남아 있는지, 회사 소유자에게 남은 돈은 얼마인지, 그리고 원금을 상환하기 위한 돈은 얼마나 남아 있는지 등을 알 수 있다.

표12.3이 손익계산서의 기본적인 형식이다.

표12.3 손익계산서

손익계산서	
순 매출액	A
매출원가	B
매출 총손익	A-B = C
영업 및 마케팅	D
연구 개발	E
일반 및 행정	F
판매관리비	D+E+F = G
영업손익	C-G = H
이자소득	I
소득세	J
순손익	H+I-J = K

손익계산서에는 회사의 전반적인 재정 상태가 건전한지 위험한지, 받아야 할 돈(매출채권) 또는 회사가 빚진 돈(외상매입금), 소유(자산)나 빚(부채) 등은 나타나지 않는다. 이러한 정보는 대차대조표에서 볼 수 있다.

🔑 재무제표: 현금흐름표

회사의 현금흐름표는 현금의 출처, 용도 및 잔액을 보여준다. 즉, 일정 기간 동안 현금과 관련한 회사의 운영, 투자, 그리고 자금 조달 등 모든 활동에 대한 보고서인 것이다. 이 표는 기본적으로, 회사가 현금을 사용하는 방법과 회사를 계속 운영하기에 충분한 현금을 지니고 있는지 여부를 보여준다. 현금은 요금과 급여 지불부터 일상적인 비용에 이르기까지 회사가 생존을 이어 나가는 데 매우 중요하다.

이런 비유를 들어보자. 액체 연료를 쓰는 엔진으로 고체 연료를 만든다. 여기서 회사가 창출하는 가치 또는 수익이 고체 연료, 현금이 엔진을 구동하는 액체 연료에 해당한다. 현금흐름표는 시간에 따른 액체 연료의 소비를 보여주고, 고체 연료(수익)를 액체 연료(현금)로 전환할 필요가 있는지 알려준다. 회사가 이익을 내면서도 현금 흐름을 흑자로 가져가지 못하는 경우에 이 관계를 따져 보아야 한다.

현금흐름표는 회사의 일상적인 활동을 처리하고 부채를 제때에 지불할 여력과, 적자 없이 사업을 유지하고 키울 충분한 현금이 있는지 여부를 표시한다. 매출이 증가할 때 회사에 추가적인 운전자본(현금)이 필요한지와, 기업이 감당할 수 있는 최대 대출 상환액, 대출 상환금에서 원금과 이자의 내역, 회사가 현금을 유지하는 데 있어서의 잠재적 위험성과 그것에 어떻게 대처할 것인지도 볼 수 있다.

현금흐름표에서는 매출채권 및 외상매입금, 자산, 부채 및 순자산, 장비 또는 기타 자산의 감가상각 등이 확인되지 않는다. 이 정보는 대차대조표를 참고해야 한다.

현금흐름표의 기본 형식은 표12.4에 나와 있다.

표12.4 현금흐름표

현금흐름표	
시작 현금잔액	A
현금 인수	B
현금 지출	C
영업활동 현금	B-C = D
비유동자산 구매	E
순차입금	F
납부한 소득세	G
주식 매각	H
최종 현금잔액	A+D-E+F-G+H = I

🔑 투자자가 누구인지 파악하기

누가 당신의 회사에 투자할 것인가? 사업의 각 단계마다 투자하기에 가장 좋은 위치에 있는 다양한 이해관계자가 존재한다. 초기 아이디어 단계에서의 자금은 보통 학교 및 창업지원기관, 가족이나 친구, 또는 엔젤 투자자의 보조금을 통해 충당할 수 있다. 후기 단계의 자금은 일반적으로 벤처캐피털로부터 나온다. 사업의 틀을 짜고 자금 조달에 유리한 정보를 수집하려면 무엇보다 잠재적 투자자가 누구이며 그들이 무엇을 찾고있는지 이해해야 한다. 잠시 후에, 각 단계의 투자자 유형과 그들이 찾는 것을 파악할 몇 가지 유용한 배경지식을 살펴보자.

그러나 그 전에, 청년이 이 모든 걸 어떻게 다 한단 말인가? 우리는 이 질문에 답하기 위해 책을 썼다. '○○하는 방법'을 말하는 경영 서적은 시중에 넘치지만, 청년 기업가의 세부 활동에 초점을 맞춘 책은(적어도 우리가 아는 범위에서는) 찾기 힘들다. 솔직히 말해 젊다는 점이 투자금을 마련하기에 유리한 조건은 아니다. 이미 여러 번 말했고 앞으로도 계속 말하겠지만, 투자자들은 투자 결정을 내릴 때 창립 멤버의 구성에 대단히 예민하다. 그런데 나이가 젊을수록 경험이 적을 것이고, 스타트업이든 다른 어떤 형태의 창업이든 청년에게는 경험 부족을 만회할만한 것이 거의 없지 않은가? 물론 그렇다고 해서 청년이 스타트업을 만들거나 운영할 수 없다는 말은 아니지만, 우리는 청년으로서 우리의 강점과 약점을 직시하고 팀을 구성할 때 이 부분을 고려해야 한다. 성장률 상위 1퍼센트인 스타트업의 창업자 평균 나이가 45세인 것은 다른 이유가 있어서가 아니다. 세분화해 보면, 성장률 기준 상위 1퍼센트 스타트업 중 창업자의 나이가 29세 미만인 비율은 고작 10퍼센트, 전체 스타트업의 15퍼센트밖에 되지 않는다. 메사추세츠공과대학교에서 270만 명의 기업가를 평가한 연구에 따르면 직원 한 명 이상을 고용한 회사의 창업자 평균 연령은 41.9세이다.[2]

왜 갑자기 이런 이야기를 꺼내느냐고? 이해한다. 사기가 꺾일 수도 있고, 저 숫자를 보고 나니 스타트업을 시도하기 망설여질지도 모른다(그래서 이 말을 이제서야 한다). 그럼에도 불구하고 굳이 언급한 이유는 두 가지이다. 첫째, 성공적인 스타트업이 되려면 자신의 약점을 보완할 수 있는 창업자, 투자자, 고문 및 멘토로 팀을 구성해야 한다. 둘째, 청년의 기업 활동은 대중적 기업 활동에 대한 인식과 차이가 클 수 있다. 사업의 실패가 뻔히 보이더라도, 우리는 진심으로 당신이 계속해 나가기를 바란다. 후에 정말로 거대하고 세상을 변화시킬 무언가를 만들 때, 시행착오에서 얻은 경험이 반드시 발휘된다. 작게나마 주말이나 방과 후에 소규모 온라인쇼핑몰을 운영해보는 것도 훌륭한 일이다. 크든 작든 당신이 미래에 할 모든 사업과 어떤 방식으로든 관련이 있을 것이고, 그렇다면 경영의 기본 정도는 배워 놓을 수 있기 때문이다. 요는 무언가를 시작하는 것, 가치를 만들 수 있는 무언가를 하는 것이다. 이 책이 우리를 비롯해 우리보다 더 경력이 풍부하고 성공한 많은 기업가들이 시행착오를 겪으며 배운 지식을 당신에게 전할 수 있기를 바란다.

🔑 투자자의 유형

초기 자금 조달 이전 단계

이 단계의 회사는 사업 모델, 시장 적합성 및 제품을 개선하는 과정에 있다. 과거에는 이때 유일한 투자자가 창업자 자신, 보탠다면 가족과 친구 정도였다. 그러나 오늘날에는 크라우드펀딩 플랫폼(킥스타터, 인디고고 등), 정부 보조금과 같은 대안이 생겼다. 창업자는 외부에서 투자를 끌어오기 전에 회사를 최대한 키우려고 노력해야 한다. 이 단계의 투자자는 종종 제품 자체, 그리고 외부의 지원 없이도 제품이 판매될 가능성(또는 창업자가 제품을 팔 수 있는 능력)을 면밀히 들여다보기 때문이다.

초기 자금 조달 단계

이제부터 회사가 거치는 첫 번째 공식 자금 조달 단계이다.

지금쯤 회사는 보통, 출시 후에 아이디어를 증명하기 위한 작업이나 최소기능제품(MVP)의 출시를 준비한다. 최소기능제품을 개발하고 초기 고객을 유치하기 위해서는 일정한 방식의 자금 조달이 필요한 경우가 많다. 회사는 이미 수익을 내고 있거나 아직 수익 전일 수 있는데, 수익은 유료 사전 프로젝트와 얼리어답터에서 발생할 가능성이 높다. 이 단계에서는 정부, 창업기획자, 학술 기관, 가족 및 친구, 크라우드펀딩 플랫폼, 엔젤 투자자, 일부 벤처캐피털까지도 포함해 다양한 투자자를 찾을 수 있다. 초기 조달 자금은 일반적으로 회사에 따라 50만~500만 달러까지 다양한데, 조달 활동 시에 약 3분의2는 1달러부터 500만 달러 사이를 모금하며, 회사 가치는 3~800만 달러까지 천차만별이다.[3]

성장 단계

성장 단계 자금에는 시리즈 A, B, C 등이 있다. 이는 초기 견인력과 견고한 사업 모델, 상당한 성장 잠재력을 보여주는 회사를 위한 것이다. 시리즈 A 펀딩 투자자는 벤처캐피털에게 투자 받을 준비를 하고 있는 회사를 찾는다.

시리즈 A의 자금 조달 활동은 일반적으로 기업이 얼리어답터 기반을 다지고 제품 또는 서비스를 신속하게 확장, 발전시키는 경우 발생한다. 평균적인 자금의 범위는 500만~2,500만 달러이다.

시리즈 B 자금 조달은 빠르게 확장하려는 기업을 위한 것이다. 이 시점에서 기업은 이미 발전된 형태의 제품을 보유하고 있으며 새로운 시장에 신속한 진입을 원한다. 평균적인 시리즈 B 자금 조달 범위는 2,250만 달러 미만인데, 때로는 7,000만 달러 이상에 도달하는 경우도 있다.

시리즈 C 자금 조달은 보통 신제품 개발, 다른 회사 인수, 글로벌 시장으로의 확장 등을 모색하는 성공적인 회사에 해당된다. 시리즈 C는 후반부의 자금 조달 활동으로 여겨지며, 종종 헤지펀드, 투자은행, 사모펀드 회사 및 기타 주요 기관 투자자가 주도한다.

현명한 자금 조달

현재의 자금 조달은 단순한 돈 그 이상의 의미를 지닌다. 최근의 자금 조달 활동이 모금 규모를 발표하거나 확보한 금액을 기반으로 회사, 팀 또는 아이디어의 품질을 평가하는 가치 표현value signalling수단이 되었다는 말을 하려는 거냐고? 아니다. 우리는 그보다, 투자자가 제공하는 무형의 가치가 매우 중요하다는 말을 하고 싶다. 비교적 적은 자금을 제공하더라도 더 나은 네트워크, 더 많은 전문 지식을 보유하고 있는 투자자를 선택하라. 이것이 거의 언제나 최선의 방법이다. 초기나 그 이전 단계부터 투자 경쟁이 치열해짐에 따라, 성공적으로 투자하려면 자금 그 이상의 것을 기업에 제공해야 한다고 느끼는 벤처 캐피털이 나타나기 시작했다. 그들은 이제 전문 지식, 자문, 네트워크를 제공해야 한다. 당신의 회사가 성장하는 데 도움이 되는 진정한 가치를 함께 줄 수 있어야 하는 것이다. 초기 단계의 투자자가 제공하는 가치가 높을수록 기업이 성공할 가능성도 높아지고 모두에게 이익이 된다. 그러나 모금액의 숫자가 곧 가치로 여겨지는 경쟁의 세계에서, 경험이 더욱 풍부하고 차별화된 장점을 지닌 투자자를 선택하기 위해 더 큰 금액이 적힌 투자 수표를 거절하기는 힘든 일이다. 하지만 특히 청년 기업가는 전자를 택하는 편이 훨씬 좋다. 대부분의 경우 청년들은 경험에서 얻는 교훈이나 믿고 의지할 수 있는 자신만의 전문성이 부족하기 때문이다.

1 Spence, R (2013) Entrepreneurs aren't the only business leaders who don't understand finance, Financial Post, https:// financialpost.com/entrepreneur/entrepreneurs-arent-the-only-business-leaders-who-dont-understand-finance (archived at https://perma.cc/85YD-PWZE)

2 Azoulay, P et al (2018) Age and high-growth entrepreneurship, American Economic Review, 2 (1), pp 65–82

3 Glasner, J (2021) North American startup funding was on fire in Q1, Crunchbase News, https://news.crunchbase.com/news/ na-startup-funding-on-fire-in-q1/ (archived at https:// perma.cc/N6PU-CW5A)

13장

확장 및 출구 전략

스타트업 블로그를 방문한 적이 있거나, 쿼라Quora(누구나 질문을 올리고 답할 수 있는 웹사이트)에서 스타트업 관련 문답을 읽고 구글에 직접 질문해본 적이 있는 사람이라면 '확장scaling'이라는 용어를 수없이 접했을 것이다. 확장이란 무엇이고, 성장growing과 무슨 차이이며, 우리는 왜 이다지도 확장에 신경을 쓰는 걸까?

관련 정보를 검색하다가 한 번쯤은 **Y 콤비네이터**(이하 YC)라는 단어를 마주쳤을지도 모른다. **YC**는 **에어비앤비, 드롭박스, 트위치, 위블리, 쿼라, 레딧** 등 엄청난 성공을 거둔 수많은 기업의 시작을 도운 창업계의 전설이다. **YC**는 스타트업에 '확장되지 않는 일을 하라'고 조언한다. 이것은 사업이 추진력을 얻으려면 사용자를 모집하고 좁은 시장에 대처하는, 힘들고 지루한 작업을 반드시 먼저 해내야 한다는(또는 그렇게 하는 것을 고려해야 한다는) 뜻이다. 이 회사의 창업자 폴 그레이엄의 블로그를 읽어보지 않은 사람들을 위해 소개하자면, 그는 블로그에 다양한 스타트업 관련 주제로 현명한 조언과 창업자에게 꼭 필요한 정보를 제공하고 있다.[1]

창업의 세계에는 한편에 종교에 가까운 확장에 대한 맹신이 있고, 다른 한편에는 이처럼 확장되지 않는 일부터 시작하라는 조언이 있다. 충분히 합리적이고 당연히 있을 법한 혼란이다. 걱정할 필요는 없다. 곧 상황이 이해될 것이다.

🔑 확장이란?

확장은 시장에서 검증된 제품 또는 서비스를 가지고 최대한 빨리 수익에 도달하기 위해 신속하게 고객 기반과 매출을 키우는 것이다. 따라서 이는 본질적으로 성장을 가리키지만, 스타트업 분야에서 늘 그래왔듯 구분을 둘 별도의 용어를 만들었다. 결과적으로 스타트업에서 말하는 확장은 엄청나게 빠른 속도로 성장하는 것을 의미한다. 이는 다른 형태의 사업과 스타트업의 뚜렷한 차이인데, 근본적으로 빠르게 확장하도록 설계된 스타트업과 달리, 다른 사업은 보다 보수적이고 지속 가능한 속도로 성장한다. 확장의 핵심은 운영 비용을 상대적으로 안정적으로 유지하면서 수익을 최대한 높이는 것이다. 두말할 나위 없이 어려운 일이고, 확장의 시기는 기업가에게 매우 힘든 기간이며 회사 역시 모든 차원에서 스트레스를 견디는 시험을 받게 된다.

🔑 확장 준비

이 성장기에 사업을 준비하는 열쇠는 폴 그레이엄의 말처럼 확장할 수 없는 일을 하는 것이다. 다시 말해, 극단적 성장에 최적인 환경을 만들기 위해 당신이 해야 하는 많은 일들은 본질적으로 확장이 불가능하다. 간단한 예를 들자면, 밖으로 나가 사람들을 만나고 그들에게 당신의 제품이나 서비스를 선보이며 일일이 사용자를 모집하는 일 같은 것 말이다. 창업자나 빠르게 성장하는 사업을 하는 사람이 이런 일에 당연히 시간을 할애해야 한다고 생각하기는 힘들 것이다. 그러나 초기에 이 단계를 필수로 거쳐야만 지인 추천이나 노동력을 덜 쓰는 고객 획득 전략을 통해 점차 빠른 성장을 견인하는 임계점으로 회사를 이끌 수 있다.

확장을 위한 최적의 환경을 만들기 위해 창업자가 할 수 있는 일은 또 무엇이 있을까?

- 코딩을 할 수 있거나, 협력 관계를 구축하거나, 제조 과정을 자동화해 외주로 넘길 수 있을 때까지는 수동으로 작업한다고 생각하라.
- 모든 얼리어답터에게 가능한 한 많은 관심을 가져라. 열성적인 고객 기반을 갖춘 소규모의 초기 시장에 중점을 두는 것이다.

이런 식의 전략으로 시장에의 접근 방식을 가장 빠르고 미세하게 조율하고, 핵심 고객으로 구성된 사용자 기반을 발전시킬 수 있다. 단조롭고 확장할 수도 없는 이러한 전략의 목적은 오직 한 가지이다. 바로, 고객의 요구와 필요를 충분히 파악해 누구에게나 매력적인 제품을 만들기 위해서이다.

🔑 팀과 문화

확장 전에 해야 할 두 번째 중요한 준비는 확장을 수행할 수 있는 최고의 팀을 확보하는 것이다. 조화롭고 수준 높은 팀은 급격한 성장이 가져올 엄청난 스트레스와 압박을 견디는 데 필수적이다. 모든 구성원에게 명확한 책임을 부여하도록 하고, 특히 초창기에는 충분히 시간을 들여 정예 인원을 갖추는 일도 의미가 있다.

세 번째는 그리 크게 언급되지 않는 부분이나, 회사의 문화에도 관심을 두어야 한다. 극도의 성장기에는 직원 하나하나가 회사의 사명을 추구한다는 생각을 가져야 함은 물론, 다 함께 결속감을 느껴야 한다. 연구자들은 몇 년 안에 급여보다 회사 문화를 더 중시하는 사회 분위기가 조성될 것이라 말한다. 실제로 유연한 문화는 다소 경직된 대기업과 비교해 스타트업의 매력으로 종종 꼽히곤 한다. 대체로 규모가 작은 스타트업은 구성원 모두가 만족하는 환경과 문화를 만드는 일에도 진지하게 집중할 수 있다. 이 문화는 주변이 어수선하고 힘들 때 접착제처럼 기능하면서 직원이 이탈하지 않게 해줄 것이다. 사람들은 자신이 중요한 일의 일부이고, 제대로 평가 받고 있으며, 목소리를 낼 수 있는 존재라고 느끼기 원한다. 그러나 확장의 과정은 이런 직원들의 감정을 놓치기 가장 쉬운 시기이다. 주주에 대한 경영진의 의무에 충실하면 직원에 대한, 더 나아가 사회에 대한 의무를 다하는 것이라는 생각은 근본적으로 잘못이다. 우리는 무조건 생산성이 최우선이고 직원의 복지와 필요는 거의 고려하지 않는 문화가 대단히 해롭다고 믿는다. 협업을 육성하는 방법을 구체적으로 알고 싶다면 9장을 다시 읽어보기바란다.

하버드 경영대학원의 한 연구에서 직원의 조직문화 적합성 culture fit과 성품을 면밀히 살피는 것이 얼마나 중요한지 확인할 수 있다.[2] 5만 명 이상의 노동자를 평가해 확인한 두 가지는, 첫째, 유해한 노동자가 보통의 노동자보다 '훨씬' 생산적이라는 점과(단, 생산적인 노동자가 모두 해롭다는 뜻은 아니다) 둘째, 생산성이 상위 1퍼센트인 슈퍼스타급 직원일지라도 유해한 직원은 확실하게 피하는 것(즉, 고용하지 않는 것)이 회사에는 절대적으로 이익이라는 사실이다.

유해하다는 말은 조직의 재산이나 인력에 해로움을 끼친다는 뜻이다. 유해한 노동자는 다른 노동자들에 생산성 저하, 규칙을 위반하는 문화 조성, 이직률 증가와 같은 영향을 미쳐 개인의 평균 생산성이 아무리 높다 해도 장기적인 관점에서는 회사에 수천 달러의 비용을 유발한다. 기업이 직원의 성격이나 조직문화 직협성보다 생산싱에 집중할 경우 이 문제는 더욱 악화될 뿐이다. 생산성을 우선하여 유해한 노동자를 고용하는 것은 이직률의 증가를 불러오며, 이는 인재를 찾기 어려운 고용 시장에서 그저 지원하는 대로 신규 인력을 고용할 수밖에 없는 상황을 만든다. 이런 악순환은 결국 조직문화 약화, 작업장의 독성 증가와 생산성 감소로 이어지며 회사를 무력화한다.

확장하는 과정에서 속도와 효율성은 일종의 종교가 되고, '안 되면 되게 하라'는 식의 환경 속에서 구성원의 문화나 개인의 성격에 신경 쓰는 일은 너무도 사소해 보인다. 특히나 인재 유치 경쟁이 치열한 고용 시장에서는 지원자가 회사에 필요한 능력을 갖췄는지만 확인해도 다행, 그 밖의 측면까지 따져보는 일은 종종 사치로 여겨진다. 그러나 앞서 말한 연구 외에도 다른 여러 연구들이 장기적인 성공을 위해서는 후자가 필요함을, 무엇보다 '개개인의 성격적 특질을 무시해서는 안 된다'는 점을 밝혀냈다.

문화와 성격 같은 것은 특징짓기가 어렵고 식별하거나 측정하기는 더 어렵다는 점은 충분히 알고 있다. 이 외에도 효과적인 확장에 필요한 많은 전략적 관행이 모호하거나 '뜬구름 잡는' 느낌의 '부드러운' 주제에 속한다. 창업자 중에는 기술을 다루는 사람들이 많다. 엔지니어나 컴퓨터 과학자처럼 아주 복잡한 문제의 해결에 익숙한 이들에게 '문화'처럼 막연하거나 계산할 수 없는 것에 우선순위를 두라고 하다니, 언뜻 어리석은 일 같기도 하다. 기업은 대개 STEM(Science, Technology, Engineering, Mathematics의 앞 글자를 딴 말로 과학, 기술, 공학, 수학을 뜻한다.) 분야만을 예찬한다. 우리는 학교에 다니는 내내 계산, 정량화, 측정, 최적화 따위의 능력이 취직이나 학업에서 경쟁력을 갖는 데 필수라는 말을 듣는다.

성공한 창업자의 초기 일화라면 흔히, 기숙사 방에 틀어박혀 소프트웨어를 해킹하거나 차고에서 주회로기판을 만드는 모습을 떠올린다. 그럼에도 불구하고 우리는 근본적으로 사회적 존재이다! 기술은 확실히 유익하고 중요하지만, 성공적이고 탄력적인 회사를 만들려면 그 이상이 필요하다. 업무를 효율적으로 수행하기 위해서는 통솔력, 목적의식이 있는 사람들, 공동체 의식, 강한 문화적 연대가 요구된다. 인간은 확실성을 원하고, 대상을 쉽게 계량하여 유형화해야 불확실성이 줄어든다. 그래서 문화보다 생산성 극대화에 집중하는 것이 차라리 더 쉬운 것이다. 퀸은 회사의 복지와 직원 문화에 대해 스탠포드 경영대학원의 제프리 페퍼Jeffrey Pfeffer 박사와 이야기를 나눌 기회가 있었는데, 그는 기업들이 이 문제를 건드리지 않는 이유가(무언가 해야 한다는 것을 알면서도) 어디에서부터 시작해야 할지 모르기 때문이라고 했다. 이 주제는 너무 크고 어렵고, 이해하거나 계량화하기 힘들어 보인다. 그러나 이 문제를 해결하려고 노력하는 것이 얼마나 중요한지에 대해서는 이미 수많은 증거가 쏟아지고 있다. 퀸의 회사 **오팀**은 이에 힘을 보태, 조직 구성원 개개인의 심리적 편안함을 측정, 관리해 직원의 복지(장기적으로 회사의 성공)를 최적화할 수 있도록 돕는다.

🔑 출구 전략

회사의 일부 또는 전체 소유권을 한 당사자에서 다른 당사자로 이전하는 것이 출구 전략이다. 투자자 또는 여타 지분 보유자는 다른 당사자가 소유권 지분을 취득한 후에 투자 수익이나 보유 지분의 가치를 알 수 있다.

우리는 다양한 유형의 출구 전략을 설명하며 각 전략의 대략적인 장점과 단점도 살펴볼 것이다. 창업자는 사업 초기부터 출구 전략을 염두에 두어야 한다. 특정한 출구 전략을 위해 계획적으로 움직이면 회사의 궁극적인 가치를 크게 높일 수 있고 창출한 가치에 대해 충분한 보상을 받을 수 있다.

기업공개

첫 번째 유형의 출구는 기업공개(IPO: Initial Public Offering)이다. 기업공개는 개인 소유 회사가 공개 시장에 자사 주식의 일부를 제공하는 것이다. 성장하는 회사가 자금을 빠르게 조달하거나, 규모가 큰 회사가 투자자 또는 기타 주요 주주의 퇴출을 용이하게 하기 위한 전략으로 선택한다. IPO의 장점은 회사가 '2차 공모'를 통하거나 비공개 주식을 공개 시장에 발행하여 자금을 신속하게 조달할 수 있다는 점이다. 또한 비상장 주식보다 거래가 쉬운 상장주를 통해 직원들에게 보상을 제공할 수 있어 인재 유치에 좋은 방법이다. 공개된 주식을 사고, 가치를 평가하는 일이 단순해지기 때문에 인수합병이 용이해질 수도 있다. 마지막으로, 기업공개는 홍보 효과와 회사 신뢰도 상승으로 사업 개선에 도움이 된다. 그러나 기업공개에 단점이 없는 것은 아니다. IPO 실행에는 엄청난 경비가 든다. 또 공식적으로 훨씬 많은 관리감독을 받게 되어 경영진이 실제 재무

결과를 개선하는 데 집중하지 못할 수 있다. 기업공개 이후에는 증권거래소에 정기적으로 공개 서류를 제출해야 하므로 경쟁력 있는 사업 노하우가 노출될 가능성도 있다.

인수 또는 합병

출구 전략의 두 번째 범주는 인수합병이다. 합병은 유사한 규모의 별도 기업이 새로운 공동 조직으로 결합하는 것이다. 두 회사를 합치기 위해 각자의 자율성을 일정 부분 포기함으로써 이익을 얻는 경우는 거의 없기 때문에 합병은 매우 드문 일이다. 인수는 한 기업이 다른 기업을 구매하는 것이다. 인수합병의 종류는 다양한데, 어떤 형태이든 새로운 합작 회사 또는 인수한 회사의 최종 조직에 큰 영향을 미친다. 이러한 이유로 우리는 인수와 합병이 매우 유익할 수도, 혹은 반대로 재앙이 될 수도 있다는 말 외에는 장단점에 대해 설명하지 않을 것이다. 특히 기술 분야에서 소규모 스타트업의 일반적인 출구 형태는 인수 또는 고용승계이다. 고용승계는 인수되는 회사의 창업자와 팀원이 더 큰 회사의 직원이 되는 방식으로, 종종 그들의 기술이나 재능을 모회사에 통합하는 역할을 한다.

사모

세 번째 출구 전략은 사모이다. 사모는 자금을 조달하기 위해 개인이나 조직에 회사를 매각하는 것이다. 이 시나리오에서 기존 주주는 부분 또는 전체적으로 지분을 판매할 수 있다. 사모는 대규모 회사에게는 어려운 일인데, 그렇게 큰 규모의 회사를 매입할 만한 자금을 가진 투자자가 많지 않기 때문이다. 일반적으로 사모는 이전 장에서 논의한 자금 조달과 동일한 장점과 단점을 가진다고 볼 수 있다.

자사주 매입

마지막 출구 전략은 회사가 투자자의 지분을 직접 매수하는 경우이다. 이는 회사가 '캐시카우cashcow'이거나 부채를 이용할 때 가능하다. 캐시카우는 본질적으로 자본 보유자로부터 주식을 구매할 수 있을 정도로 상당한 양의 유동 자산(현금)을 생성하는 기업을 뜻한다. 현금이 아니면 부채를 통해서도 자사주 매입이 가능한데, 이 경우 회사가 대출을 받아 투자자의 지분을 사들이고 부채를 떠맡는다.

출구 전략과 관련하여 가장 자주 듣는 질문은 '적절한 출구 시점은 언제인가?' 하는 것이다. 이 질문에 대한 답은 크게 두 가지다. 짧은 대답은 확실한 때는 없다는 것이다. 긴 대답은 창업자와 투자자가 무엇을 찾고 있는지에 전적으로 달렸다는 것이다. 수익을 얻으려는 투자자가 회사에 출구를 강요할 수도 있고, 아니면 새로운 곳으로 이동하려는 창업자 때문에 출구를 찾아야 할 수도 있다. 각 시나리오마다 고려해야 할 사항과 이해관계가 다르다. 이것이 처음부터 출구 전략을 생각해야 하는 부분적인 이유이다. 출구 전략을 염두에 둠으로써 어떤 투자자를 영입할 것인가부터 어떤 창업자, 직원과 함께 할 것인가에 이르기까지 당신이 내려야 할 미래의 많은 결정들을 대비할 수 있다. 당신은 자신이 무엇을 원하는지, 어떻게 하면 그것에 도달할지에 대한 선견과 계획을 가지고 있어야 한다.

1 Graham, P (2013) Do Things that Don't Scale, paulgraham.com, http://paulgraham.com/ds.html (archived at https://perma.cc/ YYF4-DV4R)

2 Housman, M and Minor, D (2015) Toxic Workers, Harvard Business School Working Paper 16-057, https://doi. org/10.2139/ssrn.2677700 (archived at https://perma.cc/5X5U-DHCD)

3부

기업 생태계

14장

기업가 공동체

생태학에서 생태계는 상호 작용하는 유기체와 그들이 존재하는 물리적 환경의 생물학적 공동체로 정의된다. 여러 면에서 기업 생태계도 이와 유사하다. 이 용어는 1993년《하버드 비즈니스 리뷰Harvard Business Review》에서 제임스 무어James Moore가 처음 사용한 이후 기업계에서 널리 쓰이게 되었다. 그의 설명대로 기업은 하나의 특정 산업에만 속하는 구성 요소가 아닌, 오히려 다양한 산업에 걸쳐 있는 생태계의 일부로 분류되어야 한다.[1]

기업 생태계에서 '기업들은 혁신하며 역량을 함께 발전시킨

다. 새로운 제품을 지원하고 고객의 요구에 대응하며, 궁극적으로 또 다른 혁신을 이루기 위해 협력하는 동시에 경쟁한다.[2] 기업 생태계의 보다 현대적인 정의는 창업자들이 지식과 경험을 교환하는 일반적인 의미의 공동체로, 사업을 구축하는 여정에서 서로에게 영감을 주는 장이다. yecommunity.com의 팜비르 싱Parmvir Singh이 설명했듯이 최고의 생태계는 "개념, 재능 및 자원을 내부적으로 이전하는 체계이다. 그 결과로 네트워킹과 지식 공유를 통해 탁월함과 창조의 순간을 더욱 일관성 있게 유지할 수 있다."[3] 생태계는 공급업체와 유통업체, 경쟁업체에 이르기까지 사업 운영과 관련 있는 모든 이해관계자로 구성된다. 남은 두 장에서 기업 생태계에 대해 자세히 알아보기 위해 다음의 질문을 살펴보자.

1 왜 생태계에 속해야 하는가?

2 진정한 기업 생태계는 어디에 있는가?

3 어떻게 그들과 교류할 것인가?

4 당신의 사업에 피드백을 줄 개인 브랜드를 어떻게 구축할 수 있는가?

5 어떻게 더 큰 생태계에 환원할 것인가?

6 미래의 기업 생태계는 어떻게 변화할 것인가?

⚙ 왜 생태계에 속해야 하는가?

창업자는 반드시 생태계 안에 있어야 한다. 우리는 이미 기업가의 삶이 얼마나 외로운지 들여다보았다. 창업자로서 우리는 이 사실을 받아들이고 긴 시간 혼자 일할 수 있는 방법을 찾아야 한다. 그렇더라도 여전히, 같은 경험을 하는 누군가가 있다는 사실은 위안을 준다. 주변의 수많은 동료 기업가가 당신과 마찬가지로 스스로를 의심하고, 불안정함을 느끼는 가족으로부터 심리적 압박을 받는 등 다양한 불안을 겪는다. 그러나 기업 생태계에 연결되어 있다면, 이러한 부분에서 동료 의식을 느낄 수 있을 것이다. 기업 생태계에 참여하는 또 하나의 이점은 언젠가 도움이 될 유용하고 합리적인 협력 관계를 구축할 수 있다는 점이다. 유사한 전문성을 가진 다른 회사들이 그들의 고객 기반에 당신의 회사를 추천해준다면 인지도 측면에서 크게 보탬이 된다. **서프**는 **LVE 그룹**, **호크 미디어**, **주스 랩스** 등의 회사와 협력 관계를 맺을 수 있었다. 이 세 회사는 특정한 고객 관리 문제를 해결하는 데 **서프**를 추천하여 그들의 고객을 도울 것이며, **서프**에서는 자신의 고객에게 세 회사의 이야기를 전파할 것이다. 단, 각 회사들이 전혀 다른 산업에 속해 있는 경우에는 이러한 성격의 협력 관계가 실용적이지 않을 수 있다. 예컨대, **웨스턴 유니언** 같은 금융기업과 **서브웨이 샌드위치**의 협력 관계는 기대하기 어렵다. 서로 전혀 관련이 없는 업종(금융업과 요식업)이기 때문이다. 기업 생태계에 속해 있으면 자금 모금과 자문 위원회를 구성하는 데에도 도움을 받을 수 있다. 뒤집어 말하면, 회사가 주변 생태계와 연결되어 있지 않을 때에는 최고의 인재를 모으고, 혁신에 뒤처지지 않고, 자금을 확보하기가 훨씬 어렵다는 이야기이다. 당신의 회사가 주변 지역에서 유일한 스타트업이라면 투자자들이 큰 관심을 가질까? 과연 당신의 사업에 자본을 투입할 마음이 생길까? 아마 아닐 것이다. 지역에 덜렁 혼자인 회사는 고객 수요를 제대로 확인할 수 없어, 위험한 투자로 보일 가능성이 크다. 수요가 충분하다면 그 지역에 생태계가 조성되어 있었을 것이기 때문이다.

뚜렷한 생태계는 투자자와 고문들의 보편적인 요구 사항인 회사에 대한 신뢰를 보장해줄 수 있는데, 심지어 그들이 회사에 시간과 자원을 투자하기로 결정하기 전이라도 견고한 생태계에 속한 것만으로 믿음을 줄 수 있다. 어쩌면 투자자나 고문 역시 같은 생태계에 있는 어떤 회사의 현재 주주이거나 전직 임원으로 이미 공동체 내에서 활동하고 있었는지도 모를 일이다. 활성화된 생태계가 존재하면 사람들은 결국 그것을 인식하고 어떻게든 거기에 참여하고 싶어 한다. 2018년, **아마존**이 두 번째 본사 부지로 고려 중인 스무 개 도시의 최종 명단을 발표했을 때도 마찬가지였다. 선정된 도시에 일자리 5만 개를 제공하고 지역 경제를 위해 50억 달러를 지출하겠다고 약속한 회사를 모셔오기 위한 각축전이 벌어졌다. 어떤 시장은 아마존에 제품 리뷰를 1,000개나 작성했고, 또 다른 시장은 아예 도시 이름을 '아마존'으로 바꾸겠다고까지 했다.[4] 제2 본사 계획을 주도했던 **아마존** 임원 홀리 설리번Holly Sullivan은 잡지《워싱토니안Washingtonian》과의 인터뷰에서 버지니아주 크리스털시티(**아마존** 유치 경쟁에서 승리한 도시)를 선택한 이유를 다음과 같이 설명했다. "우리는 자원과 기술 인재 공급망을 구축할 교육 생태계가 있는 위치를 찾아야 했습니다."[5] 어떤가? 당신의 회사를 생태계와 연결함으로써 잠재적인 금광을 좇는 투자자와 고문들을 유치할 수 있다니, 생태계에 속할 이유는 이것으로 충분하다.

⚙️ 진정한 기업 생태계는 어디에 있는가?

비슷한 생각을 가진 사람들의 공동체를 어디에서 찾고 접근할 수 있는지 궁금할 것이다. 기조연설부터 기업가에게 공통된 주제를 다루는 패널 토론에 이르기까지 기업가가 모이는 장소와 행사에 대해 조사하라. 링크드인, 페이스북 행사 페이지 및 간단한 웹 검색으로 많은 정보를 찾을 수 있다. 링크드인의 경우 현재 관계를 맺고 있는 이들은 물론, 모르는 기업가에게도 연락하여 기업 관련 행사를 물어보고, 당신의 피드에서 특정 활동에 대한 링크드인 게시물을 본 경우 작성자에게 해당 행사와 기타 유사한 행사에 관해 문의하라. 소셜 네트워크에서 도움을 요청하는 것을 두려워할 필요는 없다. 비슷한 관심사를 가진 사람들이 당신에게 정보를 전달하지 않을 이유가 없을뿐더러 오히려 당신의 열정에 감동할 수도 있다. 이제, 모은 정보 중에서 당신과 가까운 곳에서 열리는 행사에 참석하면 된다. 진정으로 생태계의 일부가 되고 싶다면 실제로 만나 서로 얼굴을 익히는 것이 좋은데, 다른 기업가들이 행사에 참석하기 위해 기꺼이 시간을 낸 당신의 정성을 높게 살 것이기 때문이다. 하지만 시간은 한정된 자원이고, 시간이 남아도는 사람이라고 알려지고 싶지는 않을 테니 모든 행사에 얼굴을 내미는 것은 삼가야 한다. 가성비를 따져 해당 지역의 기업 생태계에 가장 관련이 있는 사람들이 모이는 자리에 우선순위를 두라. 그렇게 하면 회사의 성장을 가속화할 수 있는 네트워크와 지혜를 가진 사람들과 연결될 수 있다.

　진정한 기업가 공동체를 찾는 과정에서 뛰어난 판단력과 의사 결정 능력을 발휘해야 하는 중요한 순간이 있을 것이다. 모든 기업가가 진짜는 아니다. 그중 많은 이들이 특정 서비스나 혁신적인 제품을 제공한다고 주장하며 웹사이트나 소셜 미디어에 판매 수치나 영향력 있는 지인의 숫자를 과장해 보여준다. 성공한 기업가들의 생태계에 하루빨리 동참하고 싶더라도 유망하다고 자처하는 회사나 사람에 쉽게 흔들리지 말아야 한다. 자신이 걸어온 길과 성공에 지나치게 자신감을 보이거나 자랑스러워하는 기업가와 거래하기 전에는 주의를 기울이라. 이는 제대로 된 기업가가 아니라는 가장 명백한 징후일 수 있다. 그들은 자신의 사업에 온통 감정을 이입해 자랑하고 회사에 대한 비판은 받아들이지 못한다. 당신은 아마 조언을 무시하고 '나도 안다'는 식으로 말하며 집단을 위한 결정에 완고함을 보이는 사람을 만나보았을 것이다. 반대로 진정한 기업가는 자신의 회사를 말할 때 겸손하면서도 적절한 정도의 자신감을 발산한다. 그들은 사업과 성과가 안정적이라고 느끼도록 이야기한다. 그러면서도 회사의 어려움에 대해 솔직하고, 자신이 아직 달성하지 못한 개선의 영역을 자각하고 있다. 이들은 자신의 사업과 개인의 정체성을 분리할 수 있기 때문에(8장에서 언급했다), 모든 시간을 바쳐 기업을 운영하는 데 있어 핵심인 안정감을 가지고 있다.

만나고 싶은 기업가가 진짜인지 아닌지 확신하는 것은 쉬운 일이 아니다. 당신은 소셜 미디어를 통해 그에게 직접 메시지를 보내고 간단한 통화를 요청할 수 있다. 만약 수락한다면 그가 자신의 사업에 대해 말하고 당신의 질문에 대답할 때의 태도를 읽을 수 있을 것이다. 특히 지표와 추정치를 사실로 확인할 방법이 없는 경우에는 대화 중에 회사의 성과에 대해 말하는 내용을 액면 그대로 받아들이지 말아야 한다. 시간을 내준 것에 감사하고(결국, 서로 아쉬울 게 없다) 대화를 마치고 나면 이 사람과 관계를 만들고 유지할 것인지 감이 올 것이다. 여전히 확신이 없다면 대면 만남을 약속하기 전에 생태계 내의 다른 기업가들 사이에서 그 사람의 평판을 물어보는 것이 좋다. 과거의 부정적인 경험을 인용하여 경고하는 사람이 많을 경우 해당 기업가와는 거리를 두어야 한다. 당신의 평판 역시 신경 써야 한다. 평판은 사람들이 당신에 대해 알고 있는(또는 발견하는) 핵심 정보, 주위의 사람들이 당신에게 받은 느낌의 직접적인 부산물이라는 점을 명심하라. 평판이 좋지 않은 사람들과 어울리면서 자신의 평판을 더럽혀서는 안 된다.

⚙️ 어떻게 그들과 교류할 것인가?

연결을 맺고 관계를 발전시키고 싶은 기업가를 찾았으면 교류할 방법을 생각해야 한다. 어떻게 사람들과 소통할 수 있는가? 우리는 오직 한 가지 조언을 하고 싶다. 온오프라인을 막론하고 누군가를 만날 때에는 '경청해야' 한다. 당신의 머릿속에 있는 모든 것을 말하고 싶겠지만, 그야말로 전혀 도움 되지 않는 일이다! 당신은 아무것도 배우지 못할 것이고 상대방에게 좋은 인상을 남길 일도 물론 없다. 사람들은 당신이 자신의 이야기에 관심이 있는지, 아니면 단지 그들에게 무언가를 홍보하거나 판매하는 데 정신이 팔려 있는지를 금방 눈치챈다. 원치 않는 판매 홍보를 듣고 싶은 사람은 없다.

당신이 정말 해야 할 일은 그들의 이야기, 그들의 관심사, 행사나 온라인 공간에 참여한 이유를 듣고 공통점을 찾는 것이다. 관심사와 목표가 겹치는 지점은 어디인가? 어떻게 그들을 도울 수 있을까? 관계의 첫 단추를 어떻게 끼워야 하나? 경청을 통해 답을 찾은 다음, 거기에서부터 이어가야 한다.

대면 만남을 위한 팁

행사장에서 사람들을 만난 뒤에는 반드시 해야 하는 일이 있다. 숱한 행사에 참석하고, 수많은 명함을 교환하고, 집에 돌아와서는 아무것도 하지 않은 날들이 얼마나 많았는가? 주머니 속의 명함을 다시 들여다보고 명함을 건넸던 사람에게 먼저 연락할 가능성은 거의 없다. 이제부터 명함을 준 사람의 정보를 적어 두고 그 만남으로부터 일주일 후 이렇게 대화를 청해보라. "안녕하십니까, 지난번 ○○에 관한 대화를 나눈 △△입니다. 잠시 만나 뵙고 같은 주제로 더 깊은 이야기를 듣고 싶습니다."

두 번째 만남을 위해 먼저 다가가는 일은 단순하지만 선뜻 하기는 쉽지 않다. 이 메시지를 보낸 후에는 답장을 받지 못할 수 있다는 현실에도 익숙해져야 한다. 며칠 후에 비슷한 메시지로 다시 연락을 해볼 수는 있지만, 너무 필사적으로 보이거나 상대에게 원치 않는 압박감을 주는 것은 아닌지 생각해야 한다. 만일 두 번째 메시지에도 응답이 없다면 거의 백 퍼센트 세 번째 메시지에도 응답하지 않을 거라 생각하면 된다.

온라인 교류의 요령

온라인을 통한 교류는 언제나 간결해야 한다. 당신의 소개는 짧게 하고(당신이 누구이며 무엇을 하고 있는지 두세 문장으로 정리하라), 가능한 한 바로 본론으로 들어간다. 무슨 이유로 만나자고 하는가? 이 사람에게 무엇을 원하고 언제(명확한 날짜와 시간 지정) 만나기를 원하는가? 사람들은 바쁘다. 당신의 메시지를 훑으면서 당신이 요구하는 것이 무엇인지, 자신이 신속하게 응답할 수 있는지 답이 빨리 나오지 않는다면 응답하지 않는 쪽을 택할 것이다. 따라서 당신의 요청에 쉽게 답할 수 있도록 해야 한다. 시간을 할애해야 하는 개방형 질문을 피하고, 간단히 예 또는 아니요로 응답할 수 있는 단도직입적인 질문을 하라.

특히 당신이 반드시 연락하고 싶은 기업가라면 여러 접점을 만들어야 한다. 이메일에 더해 링크드인과 인스타그램 메시지, 직접 태그가 지정된 트윗 등 상대가 사람들과 소통하는 모든 방식을 동원하라. 메시지를 보내는 대신 그가 올린 가장 최근의 게시물에 댓글을 달아 내용에 관심을 보이는 것도 좋다. 쉽게 스크롤하고 지나칠 수 있는 이모티콘을 다는 것이 아니라, 게시물 자체와 관련된 의미 있는 글을 써야 한다. 공개 플랫폼에 독창적인 글을 게시하는 사람들은 그 작업에 소중한 시간을 할애했고, 거기에 진정한 관심을 표하는 것은 당신이 그들의 시간과 노력을 인정한다는 의미이며, 게시물의 주인은 그렇게 해준 당신을 기억할 것이다. 이러한 방식으로 온라인에서 그들의 글에 참여하면 게시물에 대한 트래픽을 생성하여 상대에게 또 다른 이익이 된다. 당신이 관심을 가진 대상과 당신에게 공통의 지인이 있다면 또 한 가지 써 볼 만한 전술이 있다. 그 세 사람으로 구성된 그룹 채팅을 만드는 것이다. 스위시는 기업가로서 그의 영웅인 게리 바이너척Gary Vaynerchuck에게 6개월 동안 매일 이메일과 트윗을 보내 게리의 유튜브 채널 '데일리비Daily-Vee'에 대한 다양한 비평을 시도히는 한편, 그의 보좌역인 데이비드 록David Rock에게도 직접 연락하여 게리와 또 다른 접점을 만들었다. 그렇게 게리의 귀에 자연스레 자신에 대한 이야기가 흘러 들어가게 했다. 스위시는 유의미한 언급이 담긴 메시지를 보내 게리에게 손을 내밀면서도 응답은 기대하지 않았기 때문에 그가 답을 주지 않는다고 매번 실망할 일은 없었다. 더구나 게리는 '나눔은 대가를 기대하지 않고 주는 것'이라는 유명한 말을 한 사람이니까 그의 말대로 할 뿐이었다. 이런 헌신 덕분에 스위시는 마침내 뉴욕에서 게리와 만날 수 있었다. 이 경험에서 얻어야 할 교훈은 관심을 얻고자 하는 사람에게 계속 메시지를 보내라는 것이 아니다. 어떤 방식으로 접점을 만들어가든 항상 일관된 가치를 상대에게 전하라는 것이다.

1 Moore, JF (1993) Predators and prey: A new ecology of competition, Harvard Business Review, https://hbr.org/1993/05/ predators-and-prey-a-new-ecology-of-competition (archived at https://perma.cc/VR53-VRN3)

2 Ibid

3 Singh, P (2018) Why is it important to build a startup ecosystem? Ye! https://social. yecommunity.com/news/390350 (archived at https://perma.cc/997Q-G4K6)

4 Liao, S (2017) The eight most outrageous things cities did to lure Amazon for HQ2, The Verge, https://www.theverge.com/ 2017/10/19/16504042/amazon-hq2-second-headquarters-most-funny-crazy-pitches-proposals-stonecrest-new-york (archived at https://perma.cc/FZ57-ADKD)

5 Mullins, L and Peischel, W (2019) Virginia drew an actual map for Amazon to influence Washington, Washingtonian, https:// www.washingtonian.com/2019/05/30/virginia-drew-an-actual-map-for-amazon-to-influence-washington/ (archived at https:// perma.cc/85EB-9P8V)

15장

효과적인 셀프 마케팅

  개인 브랜드를 구축하는 것은 회사의 수익을 높이고 네트워크를 만드는 좋은 방법이다. 강력한 개인 브랜드는 더 많은 사람들이 당신의 아이디어와 사업에 관심을 가진다는 의미이다. 게리 바이너척은 온라인에서 성공적으로 개인 브랜드를 구축한 인물이다. 인물이 사람들의 관심을 끄니 조언과 사업 컨설팅을 위해 게리의 디지털 에이전시에 방문하게 되고, 그의 책을 사게 되고, 그가 연설하는 행사에 사람이 모이는 것으로 이어졌다.

  마케팅 대행사 **처치+스테이트**의 창업자이자 CEO이며 '더

쿠The Coup'라는 팟캐스트를 운영하는 론 타이트Ron Tite는 관심 고객 형성을 목적으로 개인 브랜드를 구축하는 일의 가치에 대해 자세히 설명한다. 우리는 그가 개인 브랜드를 구축한 방법과 그의 사업에 개인 브랜드가 어떤 도움이 되었는지 통찰을 얻기 위해 그를 인터뷰했다.

"진정으로 강력한 개인 브랜드를 구축하려면 전문 분야에서 지속적으로 배우고 그 분야를 선도해야 합니다. 소셜 미디어가 중요한 것은 당신에게 영감을 주고 정보를 제공하는 방식의 효율성 때문이에요. 소셜 미디어는 생각을 공유하는 사람들로부터 받은 유용한 조언과 내용을 직접 확장할 수 있게 해주죠. 이를 통해 자신의 독창적인 생각과 창의성을 전파하고, 커뮤니티에서 내 편인 사람들과 연결되어 소통하고, 때로는 그들의 도전을 받고, 그들을 옹호할 수도 있습니다. 이 모든 것이 결합하면 개인 브랜드가 성장하고 확장됩니다."

이제 소셜 미디어가 개인 브랜드를 구축하는 데 얼마나 유익한지 알았겠지만 근본적인 질문은 여전히 남는다. 사업에 도움을 주는 개인 브랜드를 구축하는 방법은 무엇인가? 시작할 때 필요한 몇 가지 실용적인 방법을 추천한다.

- 플랫폼(링크드인, 인스타그램, 트위터, 미디엄 등 선호하는 소셜 미디어)을 선택한다. 자신의 강점에 맞는 플랫폼을 사용하는 것이 이상적이므로 작가라면 미디엄 또는 링크드인을, 사진과 영상에 뛰어난 사람이라면 페이스북이나 인스타그램을 택하라. 어떤 플랫폼을 선택할지 고민하느라 시간을 보낼 필요는 없다. 대신에 많은 팔로워나 영향력이 생길 가능성이 가장 높은 쪽이 어디일지 자문해야 하는데, 그것이 당신에게 최고의 플랫폼이기 때문이다. 이 결정은 나중에 자신에게 더 효과적이라고 느끼는 것에 따라 언제든지 바꿀 수 있다. 플랫폼 선택보다는 다음에 나열된 일에 더 중점을 두어야 한다.

- 콘텐츠 제작을 시작한다. 이때 강조하고 싶은 말은 콘텐츠 게시를 일상화하라는 것이다. 어떤 종류의 콘텐츠를 게시하고 싶은지 생각해 보라. 사람들이 현재의 한계를 뛰어넘도록 영감을 주는 콘텐츠인가? 정보를 제공하고 싶은가, 아니면 당신이 속한 업계에 대한 더 깊은 통찰을 제공하고 싶은가? 첫 게시물과 유사하게 자신의 장점을 부각하는 콘텐츠를 게시하라. 글재주가 있다면 기사나 블로그 포스트를 쓰고, 사람들 앞에서 말하기를 좋아하는 훌륭한 이야기꾼이라면 방에서 혼자 관련 주제에 대해 말하거나 기조연설 형식으로 청중 앞에서 동영상을 촬영한다. 혹시 말하기는 좋아하지만 무대에 서는 것은 싫어하는가? 그렇다면 카메라를 끄고 오디오 팟캐스트를 녹음하거나 게스트를 인

터뷰하라. 변형 가능한 양식으로 다양한 콘텐츠의 형태가 있다. 어떤 형태의 콘텐츠를 제작할 것인지는 결국 자신이 가장 편안하게 제작할 수 있는 것이 무엇인가에 달려있다. 독자나 청중은 관심 있는 주제에 대한 양질의 정보를 제공하는 한 어떤 형태의 콘텐츠라도 관심을 기울일 것이다.

- 자신을 공개하라. 당신의 게시물을 소비하는 사람들이 당신도 그들과 같은 인간이고 비슷한 열망을 가지며 누구나 겪을 법한 상황을 경험한다고 느끼도록 만들 것을 조언한다.
- 5C를 고려한다. 소셜 미디어 성장을 위한 다섯 가지 C는 콘텐츠(Contents), 커뮤니티(Community), 일관성(Consistency), 배경(Context), 그리고 협업(Collaboration)이다.

Bonus Tip

동일한 정보를 다양한 버전으로 형식을 달리해 여러 플랫폼에 게시하는 것을 꺼릴 필요는 없다(예를 들어 인스타그램에 동영상을 게시하고 그 음성을 글로 변환하여 링크드인에 게시한다). 이런 교차 플랫폼 전략을 사용하면 같은 콘텐츠를 가지고 최대한 많은 사람들에게 다가갈 수 있다.

⚙️ 소셜 미디어 성장의 다섯 가지 핵심

콘텐츠(Contents)

개인 브랜드의 질은 제공하는 콘텐츠에 크게 좌우되며, 여기에는 콘텐츠의 내용뿐만 아니라 전달하는 방식도 포함된다. 사람들이 당신의 브랜드를 인식하려면 당신과 '연결되어' 있다고 느껴야 한다. 당신이 신뢰할 수 있는 출처라고 믿는다면 이는 자연스레 이루어진다. 론 타이트는 이렇게 신뢰를 구축한다.

… 나는 세 가지에 관해 독자에게 완전히 정직하다. 1) 나는 노골적인 자기 홍보와 순수하게 내 관점을 좋아하는 사람들과 더 많은 것을 나누는 일을 분명히 구분해야 한다는 책임감을 느낀다. 2) 편견이 될 수 있는 모든 것을 밝힌다. 3) 내가 항상 옳을 수는 없다. 어떤 이에게는 지루한 판촉이 다른 이에게는 제안이 될 수도 있다. 모든 사람을 항상 기쁘게 할 수는 없다. 그럼에도 기본 원칙으로서, 나는 내가 내놓는 것 이상의 많은 가치를 더해 콘텐츠를 제공하는 방식으로 우리의 성취에 떳떳하려고 노력한다. 이는 정말 간단하다. 당신의 게시물에서 세어 보라. 사람들이 당신이나 당신의 회사에 대해서만 이야기하는가? 아니면 당신이 하는 일과는 별개로 거기에 새로운 가치를 덧붙이거나 또 다른 사람들과 소통하는 게시글이 많은가? 후자가 90퍼센트를 넘지 않는다면, 당신은 잘못하고 있는 것이다.

사람들은 당신의 콘텐츠가 가치 있다고 생각할 때 당신과 유대를 원하게 된다. 가치 있는 콘텐츠는 크게 정보를 주는 것, 영감을 불러오는 것, 개인적인 일화의 세 가지 범주로 나뉜다. 어떤 것을 게시할 것인가? 무엇과 상호 작용할 것인가? 혼합할 것인가, 아니면 전문화할 것인가?

유익한 정보 콘텐츠

자신이 공부하거나 일하고 있는 분야, 혹은 관심 있는 주제 등 누구나 무언가를 알고 있다. 몇 시간이고 술술 이야기할 수 있는 주제는 무엇인가? 그것이 무엇이든, 당신은 지식을 공유하는 유익한 정보원이 될 수 있다. 주변 사람들의 평가가 두려워서 시작하기 망설여질지도 모르겠다. 언젠가는 벗어나야 할 사고방식이지만, 당장 힘들다면 이 장애물을 우회할 수 있는 대안이 있다. 다른 사람들의 생각을 공유하거나 리트윗하는 방법이다. 누군가를 인용하거나 소개하고 그들의 이야기를 세상과 공유하는 데는 제한이 없다(그들의 정보가 검증된 것인 한). 스위시는 처음에 링크드인에서 토론 질문을 하기 시작했다. 그가 플랫폼에 내놓은 초기 질문 중 하나는 "비트코인이란 무엇입니까?"였다. 얼마 지나지 않아 여러 사람들이 그의 게시물에 댓글을 달기 시작했고, 일종의 공개 토론장이 만들어졌다. 사람들이 자신이 알고 있는 것에 대해 이야기하고 싶어 하는 이유는 거기에 자부심을 느끼거나 다른 사람들을 가르치는 것을 즐기기 때문이다. 다른 제작자의 콘텐츠를 공유하고 토론 질문을 던지는 것은 처음부터 자신의 콘텐츠를 제작하는 부담을 피할 수 있는 좋은 방법이다. 뉴스를 공유한다면 CNN이나 블룸버그Bloomberg 등의 뉴스 네트워크가 있다. 단, 다른 사람의 것을 공유하면서 당신의 독창적인 생각을 추가하지 않는다면 그것은 최악이다. 당신의 임무는 다른 사람의 콘텐츠를 전달하는 것이 아니라, 그 이야기에 자신의 관점을 추가하는 것이다. 당신의 소셜 미디어를 찾은 사람들은 당신이 왜 그 콘텐츠를 공유했는지, 그것에서 그들이 어떤 교훈을 얻을 수 있고 당신은 어떤 교훈을 얻었는지(특히 개인적인 경험)를 알고 싶어 한다.

영감을 주는 콘텐츠

영감을 주는 콘텐츠라 하면 꿈을 추구하라고 외치는 동기부여 강사의 이미지가 떠오를지도 모른다. 하지만 그런 것 말고, 주변 사람들의 놀라운 이야기로도 영감을 줄 수 있다. 우리 가까이에는 인내와 결단력 같은 부분에서 굉장히 독특한 사연을 가진 사람들이 있다. 힘을 주는 이런 이야기를 친구와 가족에만 국한하지 말고 당신의 네트워크에 공유하는 것이 어떨까? 네트워크 기능으로서의 소셜 미디어 플랫폼에 대한 사고방식을 바꾸면 콘텐츠를 게시하고 새로운 시도를 하는 것이 두렵지 않을 것이다. 소셜 네트워크의 목적은 단순히 친구 요청이나 팔로우 요청을 보내 연결을 맺는 것이 아니라, 사람들이 요청하기 전에 선불로 가치를 제공함으로써 연결을 맺는 것이어야 한다. 당신이 존경하거나 인맥을 쌓고 싶은 사람들에게 자신을 노출하는 통로가 되는 콘텐츠를 만들면 그들에게 당신과 관계를 형성할 강력한 동기를 부여할 수 있다. 거듭 말하지만 사람들은 자신과 자신이 알고 있는 것에 대해 이야기하기 좋아하며, 이러한 성향을 이끌어내는 콘텐츠는 흔한 커피 모임보다 누군가와 소통하는 훨씬 더 효과적인 방법이다.

개인적인 일화

가장 만들기 어려운 콘텐츠는 개인적인 일화, 자신의 과거 경험에 대한 이야기이다. 당신의 콘텐츠가 친밀하고 개인적일수록 보는 이에게 도움이 된다. 콘텐츠를 보는 사람들에게 당신도 비슷한 열망을 가진 사람이고 그들이 경험한 것과 비슷한 상황에 처해 있었다는 것을 알리고 싶다면, 당신이 편안함을 느끼는 선에서 실수나 실패를 드러내는 것을 주저하지 마라. 콘텐츠를 접하는 이들은 그 진실함 때문에 당신에게 더 강한 끌림을 느낄 것이기 때문이다. 당신의 용기에 박수를 보내기 위해, 당신이 그들에게 더 진솔하게 다가간다는 이유만으로 콘텐츠에 적극적으로 참여해줄 사람들이 있다. 우리는 과거의 실패, 고난이나 고통의 순간을 이야기하는 것이 어렵다는 걸 잘 안다. 그럼에도 스트레스, 시간 관리의 실패, 심지어 우울증(정신 건강 문제)과 같은 경험들은 공통의 문제일 수 있다. 이런 문제들이 유별나고, 당신에게만 있는 부분이라 생각해 공유하는 데 불편함을 느낄 수 있지만, 실제로 얼마나 많은 사람들이 당신과 비슷한 어려움을 겪고 있는지를 알면 위로 받는 쪽은 오히려 당신일 것이다. 자신의 진정한 자아를 드러내고 뒷일을 지켜보기만 하면 된다. 다만, 앞에서도 말했듯 개인의 일화를 공유하는 것은 당신이 얼마나 편안하게 느끼는지에 달려있으므로 개인 브랜드를 개발할 목적 때문에 이런 정보를 공개해야 한다는 압박감을 느낄 필요는 없다.

커뮤니티(Community)

특히 개인 브랜드를 구축하는 초기에 우호적이고 충성도 높은 커뮤니티를 조성하려면 기회가 있을 때마다 거기에 참여해야 한다. 글을 올리는 것뿐만 아니라 댓글에 다시 답글을 달고, 다른 사람이 올린 글에도 댓글을 달며 대화에 적극적으로 참여하는 것이다. 당신의 콘텐츠에 대해 아이디어와 의견을 공유하는 이들에게 응답하는 것은 정말로 중요하다. 자신의 의견이 너무 사소한 것은 아닐지 걱정하며 댓글을 남기는 사람들에게 당신이 받는 모든 의견에 대응하고 그것을 인정하는 모습을 보이면 커뮤니티를 발전시키는 데 큰 도움이 된다. 그렇게 함으로써 사람들에게 그들이 대화하고 있는 게시물 뒤에 살아 숨쉬는 인간이 있다는 것을 알려주면 다음 게시물에도 댓글을 남길 가능성이 더 높아진다. 커뮤니티 개발은 당신의 게시물로 시작되지만 그것만으로 끝나지 않는다. 다른 게시물, 특히 자신의 전문 분야 콘텐츠에 가능한 한 많은 댓글을 다는 것을 일상화해야 한다. 동기를 부여하고 영감을 고취하는 인스타그램 계정을 운영하는 경우, 동기 부여 장르에서 주요 인스타그램 계정 5~10개를 찾아 가장 최근 게시물에 댓글을 달면 커뮤니티의 규모가 빠르게 확장될 것이다. 단순히 이모티콘 몇 개를 다는 데 그치지 말고 실제로 게시자의 자료를 읽는 데 시간을 들였음을 보여주는 사려 깊은 댓글을 달자. 일관성만 충분하면 콘텐츠의 주제에 이미 관심이 있던 상위 계정의 독자들이 호기심을 보일 수 있고, 당신의 계정을 발견하면 팔로우할 가능성이 높다. 분야에서 인기 있는 계정들은 당신이 그들의 게시물에 지속적으로 반응하는 정도에 따라 당신의 콘텐츠 중 하나를 그들의 계정에 다시 게시해줄 수도 있다. 이러한 연결을 원하는 경우, 당신이 먼저 그들의 노력을 인정하지 않아도 다른 콘텐츠 제작자들이 당신이나 당신의 개인 브랜드에 관심을 가져줄 거라는 기대는 현실적으로 하지 않는 것이 좋다(먼저 다가간다 해도 그들이 당신을 지원한다는 보장 또한 없다).

당신의 배경이나 메시지와 관련이 있는 특정 그룹이나 커뮤니티를 목표로 삼는 것도 중요하다. 사람들은 저마다 관심 있는 주제, 그에 대한 각자의 고유한 이야기가 있다. 당신의 배경이 무엇이든, 한 부모 가정에서 자랐거나 이민자로 산 것과 같은, 비슷한 배경을 가진 이들이 존재하며 그들은 당신과 당신의 경험에서 자신을 볼 것이다. 이러한 사람들과 게시물을 공유하면 온라인 커뮤니티가 강화되고, 당신은 그들에게 정말로 필요한 것을 찾아내 제공할 수 있다. 커뮤니티의 가장 좋은 점은 대체로 투자한 만큼 돌려받는다는 것이다. 그러므로 콘텐츠 게시에 일관성을 유지하고 독자와 적극적으로 교류하며 타인의 콘텐츠에 확실한 관심을 보이면 유기적인 방식으로 커뮤니티를 성장시킬 수 있다. 궁극적으로, 커뮤니티는 이야기를 전달하고, 브랜드를 공유하고, 사람들에게 메시지를 전파하는 데 성공할 것인지를 결정하는 가장 중요한 수단이다. 이처럼 커뮤니티 구축이 개인 브랜드를 육성하는 데 직접적으로 기여하기 때문에 론 타이트와 같은 창업자들도 커뮤니티에서 큰 도움을 받았다. 론은 이 부분을 다음과 같이 설명한다.

나는 많은 사업을 운영하는데, 내 개인 브랜드는 그것들 모두에서 직간접적으로 수익에 기여했다. 일부는 수량화가 매우 쉽다. 늘어나는 연설 활동 수익과 더불어 책과 TV 프로그램 계약은 모두 내 개인 브랜드와 직접적인 관련이 있다. 그러나 무엇보다도 커뮤니티에 노출된 나의 활동들이 **처치+스테이트**의 수익을 견인했다고 주장하고 싶다. 분명 우리 팀이 업무를 제대로 수행했기 때문에 그런 수익이 발생한 것이겠지만, 그 이전에 커뮤니티로부터 직원들을 찾는 전화가 울리지 않았다면 업무를 수행할 일도 없었을 것이다.

일관성(Consistency)

내가 팔로우하는 인플루언서가 한 달 동안 정기적인 주간 게시 일정을 유지하다가 몇 개월 동안 연락도 없이 사라진다고 상상해 보라. 당신을 포함한 많은 이들이 그를 잊고 다른 콘텐츠를 찾을 것이다. 당신이 어떤 분야에서 최고로 저명한 인물이 아닌 한, 잠시라도 독자의 관심을 잃는 것은 개인 브랜드에 해로운 결과를 초래한다. 누가 몇 개월에 한 번씩만 인터넷에 나타나는 사람을 팔로우하고 싶어 하겠는가? 특히 지킬 수 없는 게시물을 약속하는 경우에는 더욱 그렇다. 사람들은 매일은 아니더라도 일주일에 두세 번 꾸준히 콘텐츠를 생산하는 사람을 좋아한다. 그렇다고 해서 게시일을 강제해야 한다는 것은 아닌데, 강제성이 있다면 자칫 부실한 콘텐츠로 이어져 독자에게 부정적인 경험을 줄 것이기 때문이다. 할 말이 있을 때만 게시한다. 그러나 같은 이유로 가능한 한 자주 자신을 노출해 당신이 여전히 살아 숨쉬는 존재임을 보여야 한다. 살아남기 위해 소셜 네트워크 플랫폼에서 할 수 있는 일은 얼마든지 있다.

게시할 만한 것이 없을 때라도 매주 일정 수의 게시물을 작성하기로 이미 약속한 상황이라면 독자가 보고 싶어 하는 것이 무엇인지 직접 소통하는 기회로 삼아도 된다. 그 주의 주제를 몇 개의 짧은 콘텐츠로 다루는 것이 좋은지, 아니면 하나의 긴 콘텐츠를 원하는지 먼저 묻는 것도 콘텐츠가 될 수 있다. 독자에게 콘텐츠 제작 과정에 의견을 낼 수 있게 하면 자신들이 보는 게시물에 개인적으로 기여했다는 느낌을 받을 것이다. 이는 최소기능제품 개발 과정에서 고객의 의견을 구하면서 고객과 제품의 유대를 형성하는 것과 비슷하다(5장에서 다룬 내용이다).

배경(Context)

작성하는 모든 게시물에 그것을 둘러싼 배경을 제공하기 위해 최선을 다하라. 《메리엄-웹스터Merriam-Webster사전》은 배경context을 '어떤 글을 둘러싸고 있으며 그 의미를 밝힐 수 있는 담론의 부분'이라고 정의한다. 즉, 콘텐츠가 전달하려는 메시지를 독자가 진정으로 이해하려면, 당신의 메시지가 그들의 상황에서도 적용되는 이유를 설명할 몇 가지 배경을 제공해야 한다. 예를 들어, 당신이 블록체인에 대한 콘텐츠를 제작했을 때 '여러분은 자신의 재정상황에 대해 얼마나 이해하고 있습니까?'와 같은 일반적인 진술을 먼저 노출해야 사람들이 즉시 클릭할 가능성이 높아진다. 그런 다음 블록체인에 대한 설명을 이어가는 것이다. 요컨대 핵심은, 이야기할 내용의 보편적인 배경을 처음에 제공하여 사람들을 게시물에 끌어들이는 것이다. 이렇게 하면 독자가 당신이 제공한 참조의 틀을 통해 주제를 시각화하기 쉬워지므로, 콘텐츠가 전반적으로 더 설득력 있고 생생해진다. 배경은 되도록 구체적으로 제시해야 오해를 방지할 수 있다. 글로 쓴 콘텐츠에 배경을 제공하는 것은 약간 다르게 실행된다. **writingcooperative.com**의 줄리엔 샘슨Julien Samson에 따르면 당신 자신이나 등장인물에 대한 세부 사항, 선행 배경이 되는 이야기, 환경 설명, 삶을 변화시켰던 상황, 관련 기억이나 일화 중 한 가지 방법으로 글에 배경을 제공할 수 있다. 이런 배경을 제시하는 것은 독자와 개인 브랜드가 관계를 쌓는 데 도움이 된다. 독자 중 누군가는 당신이 제공한 배경과 관련 있을 가능성이 높기 때문이다.[1] 일반적으로 배경은 한 단락을 넘지 않는 것이 좋으며 동영상에서는 최대 20초로 지정하여 중심 메시지가 너무 뒤로 밀려나지 않도록 한다. 작가 응가루이야 기서기Ngaruiya Githegi는 콘텐츠와의 비교를 통해 배경의 중요성을 설명했다. 그는 "콘텐츠는 당신이 사람들을 위해 만드는 것, 배경은 당신이 그들에게 의도하는 것이다."라고 했다.

협업(Collaboration)

개인 브랜드의 개발 수단으로 소셜 미디어를 키우는 일을 혼자서 하기는 거의 불가능하다. 그래서 협업을 하는데, 이는 새로운 콘텐츠 아이디어에 한계가 있기 때문일 수도 있지만, 또 다른 중요한 이유는 협업이 모두에게 즐거운 일이기 때문이다. 콘텐츠를 내보내기 위해 함께 작업할 사람들을 찾는 일을 게을리하지 마라. 링크드인을 사용 중이라면 다른 사용자를 찾아 매일 콘텐츠를 게시한다. 그들과 함께 동영상을 찍고, 기사를 쓰고, 그들의 프로필을 둘러본 후 인물에 관한 게시물을 만들 수 있다. 유튜브나 링크드인과 같은 플랫폼(더 짧은 클립은 다른 플랫폼에서도 배포할 수 있다)에서 제작자 사이에 인기가 높아지고 있는 공동 작업은 정기적인 팟캐스트 형식으로 진행하는 인터뷰 시리즈이다. 인터뷰는 관계망을 형성하고 싶은 사람들과 만나는 효과적인 방법이다. 당신과 팔로워 모두에게 관심이 있을 법한 손님을 초대해, 그들의 전문 분야에 대한 아이디어와 관점을 공유한다. 이런 인터뷰 시리즈의 가장 매력적인 측면은 당신이 초대한 사람의 귀중한 시간을 유형의 가치로 보답할 수 있고, 해당 게스트는 그 내용을 다시 개인 콘텐츠로 전환할 수 있다는 점이다. 이것은 향후 그와 관계를 이어나가는 출발점이 될 수도 있다.

⚙️ 양이냐 질이냐

많은 콘텐츠 제작자가 콘텐츠의 양과 질 사이에서 고민한다. 이 문제를 해결하려면 무엇보다 먼저 자신이 내놓는 콘텐츠에 자부심을 가져야 한다. 콘텐츠 생산자는 자신의 작업 목적이 무엇인지 모르게 되는 순간 게시 의욕을 잃는다. 당신은 자신의 콘텐츠에 대해 그것이 산출하는 결과에 관계없이 그 자체로 만족을 느껴야 한다. 또한 많은 사람들이 하루나 일주일 정도의 짧은 시간에 여러 콘텐츠를 생산하면 자동적으로 각 콘텐츠에 대한 노력의 부족으로 이어진다고 오해하는데, 반드시 그렇지만은 않다. 만약 당신이 여기에 해당된다고 생각한다면, 스스로 일에 대해 지나치게 비판적이지는 않은지 돌아볼 필요가 있다.

이 문제에 대한 대답을 게리 바이너척의 말로 대신한다. "일관성의 부족은 엄청난 취약점이다." 완벽함에 너무 집중하느라 일관성을 잃으면 우리의 콘텐츠와 꾸준히 함께 하기를 바라는 독자의 소중한 시간을 오히려 우리가 써버리는 셈이다. 콘텐츠에 완벽을 기하기 위해 최선을 다하는 사이에 현재 인기 있는 문제를 다룰 절호의 기회를 놓치게 될 수도 있다.

⚙️ 어떻게 더 큰 생태계에 환원할 것인가?

열심히 공들여서 마침내 개인 브랜드와 소셜 미디어를 구축했다. 이제 더 필요한 것이 없다면, 다음 단계는 이제껏 말한 내용에 견주어도 모자람이 없는 중요한 부분이다. 그것은 바로 당신이 배운 내용을 나누는 것이다(이는 다시 당신의 네트워크 구축에 직접적인 도움이 된다). 지역 고등학교를 방문하여 학생들에게 멘토링을 제공하라. 자신의 사업을 시작하고 개인 브랜드를 키우는 기초 지식을 가르치는 것이다. 또한 신진 기업가와 당신이 속한 생태계에 관심이 있는 사람들을 위해 지역에서 모임을 주최하는 방법도 있다. 스위시는 2016년, 소셜 네트워크들을 하나로 통합하여 오프라인 지역 모임을 활성화할 목적으로 '링크드인 로컬LinkedIn Local'을 최초로 조직하는 데 도움을 주었다. 당신은 이런 행사를 도우면서(링크드인 팀에 직접 연락하면 된다) 사람들이 네트워크를 확장하고 다른 방법으로는 만나지 못했을 누군가를 연결해주는 가교 역할을 하며 보람을 느끼게 될 것이다. 모임을 조직할 시간이 없다면 기존 모임에 참석하여 다른 사람들과 지식을 공유하는 것도 좋다. 페이스북과 링크드인은 가까운 곳에서 열리는 모임을 찾을 수 있는 최고의 플랫폼이다.

관심 있는 스타트업을 지원하는 것으로도 나눔을 실천할 수 있다. 스위시는 지금까지 **스마일 이노베이션스 그룹** 및 **페이즈 클랜**을 포함한 여러 회사에 투자했다. 자본 투자는 관심 있는 기업에 다른 방식으로 직접 기여할 시간이 없을 때 할 수 있는 효율적인 나눔의 방법이다. 킥스타터, 고펀드미, 엔젤리스트와 같은 플랫폼을 통해 스타트업에 투자할 수 있다.

스위시가 자신의 지식과 전문가적 식견을 발전시킬 수 있었던 또 다른 방법은 기조연설과 패널 토론에서 공개 연설을 하는 것이었다. 그는 지난 2년 동안 기업 활동과 서프 플랫폼 구축에 대해 많은 이야기를 나눴다. 그는 주로 대학교를 찾아 청년들에게 네트워크를 확장하고, 학생 신분으로 창업을 하고, 개인 브랜드를 효과적으로 구축하는 방법을 공유한다. 또한 팟캐스트와 인터뷰 프로그램에도 다수 출연했으며 링크드인에 자신의 인터뷰 시리즈를 만들기도 했다. 스위시는 사람들과 생각을 나누는 것을 좋아한다. 단순히 그의 생각만을 나누기보다 그의 개인 브랜드를 구축하는 중심이 된 이 책의 내용을 모두 공유한다. 그의 개인 브랜드는 그가 다루고 배우는 것, 매일 하는 생각, 그가 말하는 내용 전부이다. 개인 브랜드를 만드는 것이든, 사업을 시작하는 것이든, 네트워크를 만드는 것이든, 그의 이야기는 모두 자신의 경험과 관련이 있다. 이제 그에게는 사람들과 이야기할 수 있는 방법이 그 어느 때보다 많아졌지만, 수단이 무엇이든 주제는 언제나 동일하다.

스위시는 이렇게 시작했다. 무언가를 알아냈을 때 혼자만 알고 있지 마라. 나눔을 시작하기 위해 거창한 플랫폼이 필요하지도 않다. 모임, 지원 단체, 투자 또는 연설의 모든 기회를 지식을 나누는 장으로 삼자. 이것이 지금 책을 읽고 있는 당신에게 우리가 부여하고 싶은 가장 큰 책임이다. 당신이 얻은 것을 나누는 동안 새로운 고객을 얻을 수도 있지 않을까? 이 책에서 얻은 통찰을 멋지게 이용하고 나누기 바란다.

⚙ 미래의 기업 생태계는 어떻게 변화할 것인가?

전 세계의 기업 생태계는 가까운 미래에 변화를 경험할 수밖에 없다. 앞으로는 가상 회의가 표준이 되고 사내기업활동intra-preneurship이 늘어날 것이다.

일부 조직에는 대면 회의를 좋아하지 않는 경영진과 직원이 있다. 회의가 일정보다 늦게 진행되거나, 할당된 시간을 채우기 위해 불필요하게 길어지는 경우도 있다. 회의는 보통 주도적 위치에 있는 외향적인 소수의 인물이 주도하며 그래서 일부는 자신의 목소리가 반영되지 않는다고 느낀다. 2017년 《하버드 비즈니스 리뷰》의 연구에 따르면 지난 50년 동안 회의에 쓰는 시간이 길어졌으며 '임원은 평균적으로 일주일에 거의 23시간을 회의하며 보낸다.'² 이런 현실을 염두에 두고 코로나19 이후에 달라진 상황까지 고려할 때, 우리는 기업 생태계의 미래에 대면 회의는 최소한의 범위로만 열릴 것이라고 믿는다. (줌, 구글 행아웃 등을 통한) 가상 회의 및 웹세미나의 인기는 계속해서 증가할 것이다. 근무 장소의 유연성 때문에라도 수요가 점점 늘어날 수밖에 없다. '생산성'은 기업들 사이에서 대단한 유행어인데, 직원들의 입에서 대면 회의는 생산성이 떨어진다는 말이 나온다면 반드시 더 나은 대안이 제시되어야 한다.

미래에 생태계 내에서 일어날 두 번째로 큰 변화는 점점 더 많은 기업이 사내기업활동을 허용할 것이라는 점이다. 사내기업활동은 직원이 회사 또는 조직 내에서 기업가의 역할을 하도록 장려하는 시스템이다.³ 기업가와 마찬가지로 직원도 한 기업의 대표처럼 혁신적인 계획을 관리하는 데 주도적으로 참여하고, 스스로 동기를 부여하며, 정당하다고 판단되는 경우 직접 행동에 나설 수 있다. 기회가 눈앞에 있다. 부분적으로는 기업가에 대한 미화가 작용한 이유도 있지만, 기업은 직원이 자신의 일을 추구하기를 원할 뿐만 아니라 자신만의 계획을 실행할 때 더 생산적이고 창의적이 된다는 사실을 인식하기 시작했다. 대표적인 예로, 12억 5천만 명이 넘는 월별 실사용자를 보유한 세계 최대의 단일 모바일 앱으로 꼽히는 중국의 다목적 앱 위챗을 들 수 있다.⁴ 이 앱은 **텐센트** 광저우 리서치 앤드 프로젝트 센터의 사업 계획으로 2010년에 탄생하여 이제는 중국 최대의 소셜 네트워크로 부상했다. '포트나이트Fortnite' 및 '배틀그라운드 PUBG: Player Unknown Battlegrounds'와 같은 인기 비디오 게임의 지분을 보유하고 있는 **텐센트**는 1998년에 설립된 인터넷 기반 플랫폼 회사로, 위챗 사업 계획의 대성공으로 수십억 달러를 벌어들였고 이 앱은 오늘날까지도 회사의 주요 수익원 중 하나이다. **스냅챗** CEO 에번 스피겔Evan Spiegel은 위챗의 탁월함에 대해 다음과 같이 설명했다. "**텐센트**는 아주 일찍부터 트래픽을 이끌어 내는 통신의 힘을 이해하고 있었습니다. … 만일 당신의 앱이 사람들의 전화기에서 가장 자주 사용되는 서비스라면, 당신은 거기서부터 무수한 부가 사업을 개발할 수 있습니다."[5]

학생의 경우 특히, 이제는 기업 생태계가 학교를 중퇴하고 전적으로 기업 운영에 뛰어드는 기업가에게만 효과적인 것이 아니라는 점을 알아야 한다. 졸업 후 취업을 하더라도 이 사내 기업활동이 점점 대중화되면, 직원들이 업무를 하면서도 자체적으로 혁신을 추구하고 창조적 자유를 취할 수 있도록 장려하는 기업이 더욱 많아질 것이다.

미래의 기업 생태계 변화를 예측하려면 두 가지 요소를 기억해야 한다. 첫째, 기업가에게는 '나이'가 없다. 50세 이상의 나이에 첫 번째 회사를 설립하는 경우도 있고, 반대로 어린 나이에 기업 활동에 뛰어드는 젊은이들도 점점 많아지고 있다.[6] 어느 쪽이든 신규 기업은 계속 생겨날 것이므로 4~5년 뒤에는 생태계가 또 어떻게 달라질지 모른다. 그러니 항상 새로운 사람들을 만나기 위해 노력하고 긴장을 유지해야 한다.

둘째, 기술은 기업 활동의 유일한 측면이 아니다. 우리는 대부분 기술 분야에서 일하고 있지만 이 책에서 이야기한 내용은 모든 종류의 산업과 부문에 적용될 수 있다. 기업 생태계에는 사회적 기업가, 자선 단체 또는 소셜벤처를 만드는 사람들도 포함된다. 대체로 사업(영리, 비영리, 소셜벤처를 막론하고)을 창출하는 원칙은 특히 처음 3년 동안 비교적 동일하다. 따라서 당신은 분야에 상관없이 모든 종류의 기업가, 특히 성공한 기업가들과 연결을 만들고 그들로부터 배우고자 하는 마음을 가지며 미래의 기업 생태계 변화에 대응해 나가야 한다.

1 Samson, J (2017) Why context matters in writing, Medium, https://writingcooperative.com/why-context-matters-in-writing-f52ad075c07a (archived at https://perma.cc/F383- FL6Y)

2 Perlow, LA et al (2017) Stop the meeting madness, Harvard Business Review, https://hbr.org/2017/07/stop-the-meeting-madness (archived at https://perma.cc/GB35-5EY8)

3 Kenton, W (2020) Intrapreneurship, Investopedia, https://www. investopedia.com/terms/i/intrapreneurship.asp (archived at https://perma.cc/67CS-ACVS)

4 Statista (2021) WeChat: active users worldwide, https://www. statista.com/statistics/255778/number-of-active-wechat-messenger-accounts/ (archived at https://perma.cc/Z5TA-EYYM)

5 Brennan, M (2018) One billion users and counting – what's behind WeChat's success? China Channel, https://chinachannel. co/one-billion-users-and-counting-whats-behind-wechats-success/ (archived at https://perma.cc/B8JZ-MHST)

6 Paul, JWR (2019) It's never too late: entrepreneurship has no age, Entrepreneur, https://www.entrepreneur.com/ article/332016 (archived at https://perma.cc/YW5M-BL5V)

찾아보기

찾아보기

옮긴이 박경준

문학특기생으로 대학에 입학해 역사학을 전공했다.
그후 미국 유학길에 올라 대학원에서 신학 석사를 마치고 신학 박사를 수료했다.
작가이자 번역가로 독자를 만나고 있다.

젊은
기업가의
The Young Entrepreneur
탄생

초판 1쇄 발행 2023년 1월 10일

지은이	스위시 고스와미 · 퀸 언더우드
옮긴이	박경준
발행처	타임북스
발행인	이길호
편집인	이현은
편집	최성수 · 이호정
마케팅	유병준 · 김미성
디자인	늦은비디자인
제작	김진식 · 김진현 · 이난영
재무	강상원 · 황인수 · 이남구 · 김규리

타임북스는 ㈜타임교육C&P의 단행본 출판 브랜드입니다.

출판등록	2020년 7월 14일 제2020-000187호
주소	서울특별시 강남구 봉은사로 442 75th AVENUE빌딩 7층
전화	02-590-9800
팩스	02-395-0251
전자우편	timebooks@t-ime.com

ISBN 979-11-92769-06-6(03320)